Collection « 1001 BB »

dirigée par Patrick Ben Soussan

Des bébés en mouvement, des bébés naissant à la pensée, des bébés bien portés, bien portants, compétents, des bébés malades, des bébés handicapés, des bébés morts, remplacés, des bébés violentés, agressés, exilés, des bébés observés, des bébés d'ici ou d'ailleurs, carencés ou éveillés culturellement, des bébés placés, abandonnés, adoptés ou avec d'autres bébés, des bébés et leurs parents, les parents de leurs parents, dans tous ces liens transgénérationnels qui se tissent, des bébés et leur fratrie, des bébés imaginaires aux bébés merveilleux…

Voici les mille et un bébés que nous vous invitons à retrouver dans les ouvrages de cette collection, tout entière consacrée au bébé, dans sa famille et ses différents lieux d'accueil et de soins. Une collection ouverte à toutes les disciplines et à tous les courants de pensée, constituée de petits livres – dans leur pagination, leur taille et leur prix – qui ont de grandes ambitions : celle en tout cas de proposer des textes d'auteurs, reconnus ou à découvrir, écrits dans un langage clair et partageable, qui nous diront, à leur façon, singulière, ce monde magique et déroutant de la petite enfance et leur rencontre, unique, avec les tout-petits.

Mille et un bébés pour une collection qui, nous l'espérons, vous donnera envie de penser, de rêver, de chercher, de comprendre, d'aimer.

Le catalogue de la collection comportant un index des auteurs, des titres et des thèmes abordés est disponible gratuitement chez l'éditeur :

Éditions érès, 33, avenue Marcel-Dassault, 31500 Toulouse

tél. 05 61 75 15 76, fax. 05 61 73 52 89

e.mail : eres@editions-eres.com

www.editions-eres.com

Porter le bébé
vers son autonomie

Anna Pinelli est sage-femme, auteur et responsable du projet pédagogique « Le soin relationnel, le mouvement libre et le jeu autonome » développé depuis 1980 à l'espace municipal petite enfance d'Hauteville-Lompnès (Ain) et mis en pratique au Québec depuis 1983. Et avec la collaboration de **Catherine Sanejouand**, enseignante de lettres en collège, spécialisée dans l'acquisition et le développement du langage et de l'apprentissage des langues étrangères, responsable d'un atelier théâtre pour adolescents.

Porter le bébé vers son autonomie

Anna Pinelli
avec
Catherine Sanejouand

Préface de Benoît Izard

1001 BB - Mieux connaître les bébés

érès

Conception de la couverture :
Corinne Dreyfuss

Réalisation :
Anne Hébert

ISBN : 978-2-7492-0252-5
ME - 109-2000

33, avenue Marcel-Dassault, 31500 Toulouse
eres@editions-eres.com
www.editions-eres.com

Imprimé en France par Présence Graphique - Monts.

Préface
« Corps et arts [1] »

Il y a entre lui et moi, depuis des années,
comme un compagnonnage.
Entre son travail et le mien, une résonance intime
comme dirait le poète.
Il conçoit des maisons comme des corps,
des espaces de vie et de liberté, porteurs et dynamiques.
Nous étions faits pour nous rencontrer, bâtir ensemble des projets,
chacun à sa façon, lui architecte, moi sage-femme.
J'aime à croire que parfois ses maisons abritent les familles
que j'ai concouru à mettre au monde…

C'est bien naturellement que je lui ai demandé alors
de préfacer ce premier-né en écriture.

« Comme le pilote qui voit les étoiles alors que les passagers regardent l'écran, ce n'est plus moi qui vais d'un lieu à un autre, ce sont tous les lieux qui glissent sous ma peau [2]. »

1. Benoît Izard, *« Elope life », de la danse à l'architecture des corps en mouvement,* thèse de fin d'études, école d'architecture de Lyon, mars 1998.
2. Paul Andreu, *J'ai fait beaucoup d'aérogares,* Descartes et Cie.

Pour l'enfant, la maison est une extension de lui-même, une seconde peau, c'est un organe protecteur, réparateur, ayant une charge symbolique forte. La cabane, c'est moi ; le logement, c'est ma famille.

Pour l'adulte, construire sa maison doit être un projet de mise en scène de ce qu'il attend de la vie. En effet, un projet de maison ne ressemble pas à ce qu'on sait d'une maison, celle-ci doit permettre de vivre des choses nouvelles, de se découvrir capable d'imaginer des scénarios inattendus.

Or, très souvent, la maison a peu évolué. Elle est porteuse de ce qui est connu, rassurant. Ce n'est pas encore une maison d'adulte. Certes, elle répond aux besoins et aux usages, mais répond-elle aux aspirations ? C'est une maison qui n'invente pas le futur, qui n'accompagne la vie vers aucun inconnu.

La maison est l'expression de notre adaptation au monde.

Elle devrait donc être cette construction d'où l'on va justement partir pour mieux se retrouver. Une maison n'a pas à être une accumulation de ce que l'on connaît déjà. Au contraire, c'est le lieu de l'étonnant, où la chose connue, intime, se trouve interprétée dans de nouvelles lectures.

L'architecture a longtemps représenté le corps social à travers des codes liés à une appartenance. Il fallait surtout ne pas déstabiliser ce dont on est sûr. Ma maison est faite d'éléments reconnus et d'espaces d'évolution évidents pour mon corps. Aujourd'hui, l'architecture doit d'abord dynamiser le corps : séduire à travers des positions étonnantes, ou qui appellent à mémoire, et par conséquent, placent ces références dans un nouvel événement.

Je suis architecte, je conçois des maisons. Le rôle que je me suis donné n'est pas seulement de faire en sorte que l'espace soit fonctionnel et la structure porteuse. C'est avant tout mettre en scène l'habitant ou son invité – indépendamment même de la vie réelle en cours. Puisqu'a priori je ne sais pas qui elle est ni comment elle fonctionne, mettre en scène cette personne, c'est lui procurer un espace pour vivre une expérience privilégiée. Il est toujours préférable d'évoluer dans un espace fort que dans un espace conçu pour sa fonctionnalité, car la vraie fonction d'un lieu est de magnifier la personne qui y prend place, c'est un espace de liberté, c'est un espace d'intelligence.

Benoît Izard

Introduction

« Il est indispensable de savoir ce qu'est un bébé pour comprendre le fonctionnement d'un enfant d'âge scolaire. »

René Zazzo

Il était une fois trois petits cochons qui étaient devenus bien assez grands pour se débrouiller tout seuls et quitter leur ferme. Leur mère les embrassa, leur souhaita bonne chance, et ils partirent à travers la forêt. Ils arrivèrent dans une belle clairière et décidèrent de s'y installer.

« Nous allons construire une grande et solide maison de briques, dit très sérieusement l'aîné à ses frères qui chantaient et gambadaient autour de lui. »

Ainsi commence le conte des *Trois petits cochons* qui, depuis des générations, convie petits et grands à imiter le très sage Naf-Naf dont l'intelligence triomphe des pièges tendus par le grand méchant loup.

Tout le monde connaît la suite : ils ne s'accorderont pas ! Légers, insouciants, Nouf-Nouf et Nif-Nif se hâtent de construire le premier une hutte de paille, le second une cabane de bois que le souffle du loup aura tôt fait de pulvériser. Et pendant qu'ils jouent au soleil, les inconscients, leur maçon de frère, armé d'une truelle joviale, monte brique après brique les murs de sa maison ! Le loup s'y cassera les dents ! Pire, il finira dans une marmite bouillante, et qu'il disparaisse à tout jamais dans la forêt ou qu'il agrémente la soupe des trois petits cochons, personne n'entendra plus jamais parler de lui.

Quelles qu'en soient les versions, cette histoire nous apprend que nous pouvons nous adapter aux exigences de la réalité sans pour autant renoncer au plaisir. Au contraire, même, à en juger par la force à la fois vive et tranquille qui caractérise notre petit cochon.

Soyons donc comme Naf-Naf !

Oui, mais ce n'est pas si simple, la preuve en est l'existence même de Nouf-Nouf et Nif-Nif qui n'ont pas su, ou peut-être pas pu, agir comme leur frère. Un modèle celui-là ! Créatif, réfléchi, altruiste, il semble fait pour venir à bout de toutes les situations : non content d'avoir une maison solide et belle, il cherche des solutions pour être définitivement débarrassé du loup et offre son toit aux deux autres quand ils s'avèrent en difficulté.

Si, plutôt que d'examiner la morale exprimée par la sagesse populaire, nous nous interrogions sur les raisons qui induisent de telles différences de comportement ? Car enfin, les dés sont jetés avant même que le conte ne commence : à voir l'attitude de chacun des trois petits cochons, nous savons d'emblée qu'ils ont beau être *devenus bien assez grands pour se débrouiller,* un seul est véritablement prêt. Et nous voudrions pouvoir avertir la mère du danger que vont encourir deux de ses petits !

Ne le voit-elle pas ?

Il y a de fortes chances que non. Pas plus qu'elle ne mesure son implication dans l'attitude adéquate ou inadéquate de ses enfants une fois venue l'heure de la séparation. Personnage entraperçu au début du conte, la mère (parfois le couple de parents) y joue pourtant un rôle déterminant. Il ne fait aucun doute que dans cette triplette de cochons, Naf-Naf n'est *l'aîné* que parce qu'il a trouvé dans les soins que sa mère lui a prodigués de quoi mieux grandir.

Mettre un enfant au monde, c'est se retrouver brutalement responsable d'un être à ce point immature qu'il faut, par un soin constant, assurer jusqu'à sa survie ! Tâche immense qui peut se révéler angoissante. Selon l'état d'esprit de la mère, mais aussi des gens qui l'accompagnent dans l'exercice nouveau de sa maternité, elle développera telle ou telle stratégie qui façonnera l'enfant dès sa naissance. Que son attitude soit trop intrusive ou au contraire trop distante, elle maintiendra son bébé dans une situation de dépendance qui empêchera ou retardera son épanouissement personnel. Dans le premier cas, l'enfant figé dans un rapport fusionnel avec l'autre et incapable de se prendre en charge agira comme Nouf-Nouf et construira une hutte de paille. Dans le second cas, l'enfant livré à lui-même, habitué à faire seul tant bien que mal, fera comme Nif-Nif une cabane de bois, en apparence plus fiable, en réalité tout aussi peu pensée pour résister aux épreuves de la vie.

Entre le soin étouffant et le soin inexistant, un juste milieu est à trouver, celui d'un soin maternant équilibré et source d'équilibre qui permettra, tout en les accompagnant, les expériences personnelles et environnementales que le bébé doit faire pour grandir. D. Winnicott évoquerait ici la « suffisamment bonne distance », dont il y a à parier que notre Naf-Naf a bénéficié au point de l'intérioriser et d'en faire la charpente d'une personnalité solide, adaptée au monde qui l'entoure.

Si chacun sait, grâce à F. Dolto, que le bébé est dès sa naissance, et même avant, une personne à part entière, il ne nous faut pas oublier qu'il incombe à l'adulte de l'aider à grandir comme telle, dans la dignité qui doit être celle de l'espèce humaine, dans la culture que lui propose la société qui le voit naître, et dans le respect de son individualité. Bref, d'assurer son autonomie. Dans ces pages qui traitent essentiellement des trois premières années de la vie, nous aurons recours indifféremment aux termes de « bébé », « petit enfant » et « enfant », parce que, malgré les apparences, l'enfant de 3 ans est tout aussi dépendant que le bébé de 3 mois. Il marche, il parle, mais cela ne fait pas de lui une personne autonome dont on peut lâcher la main.

L'autonomie est le droit qu'au fil du temps l'être humain acquiert de déterminer librement les règles auxquelles il se soumet. Acquisition qui ne saurait être que longue et difficile compte tenu de l'extrême dépendance du nouveau-né.

Conduire l'enfant vers l'autonomie, c'est tout simplement l'amener à constater qu'il est capable d'agir seul. Cela suppose d'une part une assurance sans prétention – *Je sais bien que je peux y arriver* – et d'autre part une affirmation de soi comme être à part entière, différent de l'autre, de la mère notamment – *Je ne suis pas toi, je ne fais pas tout comme toi.*

Une personne autonome fait les choses dans la sérénité, délivrée de toute angoisse qui mettrait en péril son équilibre intérieur. Elle agit en connaissance de soi et, sans sous-estimer ni surestimer ses capacités, se donne les moyens matériels ou humains d'atteindre son objectif. Bien des gens qui forçaient l'admiration de leur entourage par une résistance remarquable aux épreuves de l'existence s'effondrent un beau jour pour avoir méconnu ou nié leurs limites. Étaient-ils autonomes ou programmés pour « y arriver coûte que coûte » ?

« Il s'habituera, il s'y fera… », dit-on parfois d'un enfant qui doit surmonter une difficulté. Oui, certainement, il se fera à tout… Jusqu'au moment où l'édifice de sa personnalité s'écroulera sur lui.

En aucun cas donc, il ne faut donner à l'enfant l'illusion dangereuse de son omnipotence, lui laisser croire qu'il peut se passer de ses parents, des autres. Aller vers l'autonomie, c'est aussi accepter la rencontre et l'altérité. *J'essaie de m'habiller seul et si besoin, je demanderai de l'aide à maman, elle est là pour ça !* Plus largement : *en cas de difficultés, je peux toujours faire appel à l'autre, dont c'est le rôle de m'accompagner sur le chemin.*

Mais comment développer la confiance que l'enfant aura en lui et la conscience de son individualité propre au sein de la société quand il est, aux premières heures de sa vie, si vulnérable et soumis à son entourage immédiat ? Comment faire un adulte autonome de ce nouveau-né dépendant pour tout ?

C'est possible en créant avec lui une relation sécurisante. Par les soins d'abord, le corps à corps, la parole et l'écoute ensuite, la mère donnera à son bébé l'assurance qu'il existe, qu'il est quelqu'un à part entière et qu'elle va l'aider à grandir, s'élever à la hauteur de sa valeur. Confiant, mû par un formidable appétit de vivre, une hardiesse d'aventurier, il voudra naturellement tout voir, tout connaître, tout expérimenter ! Il le fera sans jamais se mettre en danger dès lors qu'il aura une connaissance parfaite de son corps et une bonne maîtrise de l'équilibre.

L'essentiel de la construction du schéma corporel s'opère dès le début de la vie jusqu'à l'âge de 3 ans environ, et s'inscrit dans le cerveau par l'intermédiaire des expériences sensorielles, motrices et relationnelles que l'enfant est amené à vivre. À partir du corps réel et par introjection de ces expériences qui constituent peu à peu le corps vécu, se dessine le corps image. La projection de ce corps image vient alors constituer le corps social.

Nous avons tous un corps réel mais vivons bien plus avec notre corps image. Celui-ci induit tout notre comportement en société, qui d'ailleurs le révèle en retour. C'est ainsi que le graphologue peut prétendre brosser le profil psychologique d'un individu dont l'écriture relève de la projection sociale du corps image. La façon dont Nouf-Nouf et Nif-Nif s'improvisent bâtisseurs en dit long sur l'image qu'ils ont développée d'eux-mêmes et que nous sommes en droit de nous représenter partielle, morcelée et aux contours flous. Pour construire une maison si solide que le loup ne puisse jamais la mettre en miettes, Naf-Naf au contraire a certainement un corps image plein, tricoté de mailles serrées sur lesquelles s'ajoutent librement des broderies de son invention ! Il a même pensé à la cheminée, le futé !

La qualité du corps social dépend indiscutablement du degré d'autonomie, elle-même tributaire de la qualité du corps image.

L'éducateur, parent ou professionnel, doit donc avoir pour objectif essentiel d'aider l'enfant à se développer harmonieusement comme un être de relation à l'écoute de lui-même et des autres, un être d'expérimentation prêt à explorer le monde et ses richesses, un être social engagé activement dans la construction d'un édifice familial, social et environnemental.

> *Le grand méchant loup souffla de toutes ses forces sur la maison de Naf-Naf mais aucune tuile ne s'envola, aucune brique ne bougea. Fou de colère, il sauta sur le toit, s'approcha de la cheminée… Naf-Naf, qui avait heureusement l'oreille fine, devina ses intentions et retira le couvercle de la grosse marmite qui chantait sur le feu.*
>
> *Le loup sauta, atterrit dans le bouillon brûlant. Naf-Naf lui ouvrit la porte et il s'élança droit devant lui tout fumant en hurlant de douleur.*

Un être de relation

L'espèce humaine se caractérise par une organisation sociale complexe où le langage articulé joue un rôle primordial puisqu'il la fonde, la cimente et la garantit. L'être humain, par essence et de naissance, est un être social, plongé dès les premières heures de sa vie dans un bain relationnel sans lequel il n'a aucun espoir de survie.

La première personne avec laquelle l'enfant entre en relation est sa mère ou sa figure d'attachement : relation privilégiée s'il en est puisque, dans la majeure partie des cas, elle se forge et se développe pour ainsi dire en même temps que lui dans le secret de son corps !

À travers sa mère, avant même d'avoir vu le jour, l'enfant se trouve proposé au monde du vivant et de son espèce. À travers elle aussi, il est d'emblée inscrit dans une histoire sociale, culturelle et familiale. Héritage qui le conditionne et dont il faudra qu'il s'accommode comme d'une première définition de sa personne. Ce n'est pas tout. Par les soins qu'elle va lui prodiguer, la mère va permettre à l'enfant de se découvrir un individu unique et égal à tout autre, et de s'assumer comme tel.

Être au vivant

Si certaines espèces viennent au monde parfaitement matures (le bébé lézard au sortir de l'œuf n'a cure d'une mère qui a sans doute oublié depuis longtemps où a eu lieu la ponte !), il n'en est pas de même pour toutes, tant s'en faut. Les petits mammifères, pour la plupart, ne sont pas assez développés à la naissance pour mener une existence indépendante. Vulnérables, ils nécessitent des soins attentifs, une surveillance de tous les instants, au moins au début. Cette période de dépendance, très importante chez les primates, prolonge la durée des apprentissages et favorise l'apparition des comportements toujours plus complexes..., où l'homme excelle bien sûr !

L'immaturité biologique qui est celle d'un bon nombre d'êtres vivants à la naissance se double chez l'homme d'une totale immaturité neurologique. John Eccles a montré que le développement du cerveau humain ne se stabilise que vers 15 ans et qu'il parvient à maturité complète vers 30 ans seulement. C'est dire si le petit d'homme est fragile et dépendant, notamment pendant les six premières années de sa vie où se font les principales acquisitions ! À cet égard, il n'est pas sans rappeler l'embryon kangourou qui a besoin, pour continuer et achever son développement, de la poche ventrale de sa mère...

Les besoins fondamentaux ou la survie physique de l'espèce

Aucun moyen d'espérer qu'un bébé humain ait quelque devenir livré à lui-même, donc ! Sa survie exige un certain nombre de conditions, toutes soumises à la première, *sine qua non* : la présence de quelqu'un capable de les réunir pour lui. Il faut qu'il puisse respirer, téter, boire et manger ; il faut qu'il puisse éliminer et rester propre ; il faut qu'il puisse dormir et être suffisamment vêtu pour garder son corps à température constante…

Ces besoins fondamentaux garantissent la pérennité de l'espèce, et au sein même de l'espèce, la survie des individus. Que l'un d'eux, pour une raison ou une autre, reste insatisfait, et c'est, sinon la vie, la santé qui est en jeu. Ils ne caractérisent pas le nouveau-né mais font de lui un être caractérisé par une extrême fragilité puisque leur satisfaction est entièrement soumise à l'autre.

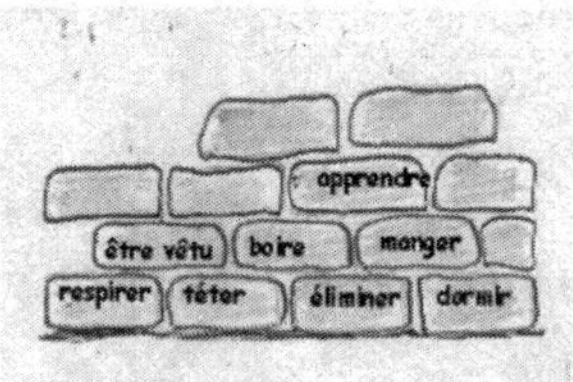

Le non-respect des besoins fondamentaux met en jeu la survie de l'individu et entraîne chez lui une insécurité se traduisant par un réflexe d'agrippement, une hyperdépendance.

Respirer

Provoquée par le cri qui, à la naissance, déplie les poumons à l'intérieur de la cage thoracique, la respiration est en quelque sorte un événement primordial. Elle assure l'oxygénation du sang et du cerveau, et marque le passage d'une vie aquatique à la vie terrestre.

Dès lors, par pur automatisme physiologique, sans effort, le bébé respire par le nez. Si ses voies nasales sont obstruées, il est amené, pour ne pas étouffer, à respirer par la bouche, ce qui mobilise une énergie dont l'adulte qui peut se moucher d'un geste quasi machinal n'évalue pas toujours l'importance. Il n'y a qu'à voir pourtant comme un simple rhume altère chez lui aussi l'appétit, le sommeil, la vigilance… Et ils sont beaucoup, hélas, les bébés morveux occupés exclusivement à la tâche rendue compliquée de respirer ! À l'adulte de veiller à ce que le nez de l'enfant soit dégagé et l'air respiré de bonne qualité…, ce qui, dans les villes et à hauteur de pots d'échappement, est loin d'être le cas !

Respirer, c'est aussi sentir. Les expériences de Montagner [1] montrent que le bébé reconnaît entre toutes l'odeur de sa mère, celle du cou, du sein et de l'aisselle. L'odorat, le sens le plus archaïque et le plus développé à la naissance, entre manifestement dans la construction des repères affectifs intimes. Chacun a d'ailleurs pu observer l'étonnant pouvoir qu'ont les odeurs de faire resurgir du plus profond de la mémoire des souvenirs qu'il croyait à jamais enfouis…

Téter

Le bébé tète son pouce dès la vie intra-utérine, et ce faisant, il avale du liquide amniotique. L'instinct de succion et celui de déglutition vont de pair. Rien de bien surprenant donc à ce que le petit enfant qui commence à manger à la

1. « Les premières années de la vie », *Sciences et vie,* n° 145.

cuiller porte systématiquement la main à la bouche. Le voyant faire, l'adulte réagit presque toujours de façon hygiéniste : puisqu'il faut manger proprement, autant l'apprendre tout de suite ! Oui, mais c'est par réflexe et non par un malin plaisir que le petit met ses doigts à la bouche en même temps que sa compote ! L'en empêcher, c'est tout bonnement l'empêcher d'avaler ! Il fait la grimace, se détourne, soudain grognon : il ne peut plus manger !

La succion du pouce, qu'on a actuellement tendance à bannir de façon précoce, stimule les contours de la bouche et la perception du pouce dans le schéma corporel, dans le corps image qui siège au niveau du cerveau sensoriel. L'interdire serait dommage. La favoriser aussi d'ailleurs. Il y a un temps pour tout. La sucette et le pouce offrent à l'enfant des moments de repli intime, de bien-être, qui lui rappellent inconsciemment ceux qu'il éprouvait lorsque sa mère lui donnait la tétée. À moins qu'il ne soit travaillé par une angoisse quelconque, un malaise dont il conviendrait de chercher la cause plutôt que d'en empêcher le symptôme, il ne saurait y avoir sans cesse recours : il a bien d'autres choses à faire, l'aventure le réclame à l'autre bout de la pièce ! Lui mettre la sucette d'office comme pour le forcer au calme, outre les conséquences que cela peut entraîner sur sa dentition, revient à l'enfermer dans sa bulle. C'est alors la sécurité intérieure de l'entourage qui est assurée, bien plus que la sienne. Tant qu'il a l'énergie de jouer, l'enfant évolue dans la sphère du social : la sucette, objet de la sphère intime, n'a rien à y faire.

La succion a encore un rôle à jouer dans l'apprentissage du langage, qui s'effectue cette fois dans le néocortex, en favorisant les premiers mots prononcés sur des consonnes labiales : *mmmmmm, mum, maman, mamie…*

Boire et manger

Faire boire le bébé qui se déshydrate très rapidement doit être pour l'adulte une préoccupation constante. Et c'est de l'eau plate qu'il faut lui donner. L'hydratation chargée en sucre explique en partie le nombre croissant des nourrissons qui souffrent de constipation chronique. Phénomène récent dont les professionnels de la petite enfance peuvent s'inquiéter car la constipation et ses remèdes, les suppositoires notamment, provoquent un transfert de l'oralité sur l'analité qui ne devrait survenir que vers l'âge de 2 ans, quand le bébé commence à maîtriser ses sphincters.

De même que la boisson, la nourriture actuelle tend à privilégier les glucides. Quoi de plus facile que de contenter un enfant avec des sucres quand c'est chez lui une préférence innée ? Autant éviter l'engrenage ! Or, la « gâterie » est bien souvent un moyen pour l'adulte de se racheter à ses propres yeux, de se déculpabiliser par exemple d'une absence momentanée ou de son indisponibilité. Il donne une sucrerie comme il offre un jouet : *Je ne suis pas là mais, tu vois, je pense à toi, la preuve !*

La nourriture proposée doit être équilibrée en qualité et en quantité. Variée donc : glucides, lipides, protides, vitamines et sels minéraux sont nécessaires au développement de l'enfant. Suffisante également : quantité ne signifie pas abondance. Pourquoi ne pas lui faire confiance ? Son corps est capable de s'autoréguler. S'il ne finit pas son biberon ou son assiette, c'est qu'il est repus tout simplement ! Insister, c'est le gaver. Et si vraiment il n'a pas eu sa dose, il la prendra spontanément au prochain repas.

Éliminer

L'importance de la propreté relève d'une évidence. Son apprentissage est une nécessité. Mais exiger un résultat de la part d'un enfant qui n'a pas 2 ans équivaut à du dressage. La maîtrise de ses sphincters lui demande de déployer une énergie contre-nature. Il y parvient certes, si l'adulte insiste, mais c'est au détriment d'autre chose, du langage par exemple… « Personne ne peut s'imaginer ce qu'il faut d'énergie pour se retenir d'aller aux toilettes quand on en a envie », témoigne une femme handicapée motrice qui a vu sa vie changer lorsqu'elle en a eu enfin la possibilité. L'immaturité physiologique du tout petit est encore telle qu'il ne peut accéder à la propreté sans faire le sacrifice d'autres acquisitions.

Dormir

Naturellement vécu par les enfants comme une séparation d'avec les êtres aimés, une page de solitude, de néant et de peur, le sommeil pose souvent problème. En témoignent les « comédies du coucher » auxquelles tout un chacun a participé et assisté ! Mais le train de vie de nos sociétés rapides et performantes, qui ne laissent guère de place à la lenteur, au

« rien faire », n'arrange pas les choses : le temps de sommeil, perçu comme temps perdu, est réduit comme une peau de chagrin et sert souvent au chantage au cours de la journée : *« Si tu n'obéis pas, je te mets au lit tout de suite ! »* L'enfant est incité à maintenir sa vigilance, et il y parvient en général fort bien mais devient pénible, grincheux, hyperactif. Pour peu qu'il soit de ceux, toujours plus nombreux et toujours plus jeunes, que le téléviseur ou l'ordinateur accompagnent au quotidien, il est en permanence soumis aux effets de la lumière, reconnue comme le désynchronisateur principal des ondes cérébrales. Rien de bien étonnant à ce qu'il ne sache pas dormir !

Les consultations d'enfants pour problèmes de sommeil sont un fait nouveau en France. Signe d'une nouvelle pathologie ? Les statistiques ne recensent que 20 % de troubles graves dus à des maladies identifiées. 80 % sont liés à des comportements inadaptés et à une méconnaissance du sommeil et des besoins véritables des enfants.

Rendre sa part au sommeil est une urgence : c'est dans le temps de sommeil que s'opèrent la libération de l'hormone de croissance et la récupération physique et nerveuse.

Les besoins fondamentaux apparaissent dans un ordre structuré et parfaitement défini qu'il convient de respecter pour assurer l'équilibre de l'individu. Ils s'organisent selon une logique vitale et péremptoire : s'il ne respire pas correctement, l'enfant mange mal ; s'il ne mange pas à sa faim, il dort mal ; s'il ne dort pas son soûl, il apprend mal…

Apprendre

Apprendre, selon Virginia Henderson, est le dernier des besoins de l'individu. Maslow va un peu plus loin en évoquant la nécessité de « se réaliser » comme élément constitutif de l'humanité. Peu importent les termes ! Qu'apprendre chez l'homme figure parmi les besoins fondamentaux de survie n'est pas surprenant compte tenu de sa vulnérabilité naturelle : il est obligé de se transmettre les savoirs acquis au fil du temps et des générations, ce qui fait de lui un être de culture. Il n'existe pas d'enfant qui refuse d'apprendre, constate le docteur Julien Cohen-Solal. Que certains rencontrent des difficultés dans l'apprentissage ne veut en aucun cas dire qu'ils le refusent et signifie au contraire une véritable souffrance : en aval, car ils sont vite marginalisés ; en amont, car les difficultés d'apprentissage sont souvent causées par des carences physiologiques, psychologiques, affectives. L'enfant mange-t-il correctement ? Dort-il suffisamment ?...

Depuis que Françoise Dolto nous a fait prendre conscience que « le bébé est une personne », depuis que les neurosciences, ces vingt dernières années, ont mis au jour les compétences extraordinaires du jeune enfant, tout se focalise sur ses capacités naturelles à apprendre : progrès considérable sur lequel il n'y a pas à revenir. Attention cependant aux dérives actuelles qui préconisent en réalité une surstimulation du bébé ! La mode est aux records, aux performances, et tous les moyens sont bons pour favoriser son éveil. Dans cette démarche euphorique, nous oublions que le bébé est immature, fragile, incompétent, et qu'il est complètement dépendant de l'adulte pour la satisfaction des autres besoins fondamentaux. C'est ainsi que se rencontrent aujourd'hui des enfants trop petits parce qu'ils refusent d'aller dormir, obèses parce qu'ils se gavent de sucreries et de sodas, brûlés pour avoir joué avec un fer à repasser… Paradoxe des temps : l'enfant chéri pour son potentiel énorme est négligé en sa qualité première d'être vivant, humain ! Or, ce n'est certainement pas à lui de prendre en charge son sommeil, sa nourriture, sa sécurité… Il en est parfaitement incapable de toute façon !

Il appartient donc à l'adulte de réinvestir le temps des soins primaires qui tendent à être dévalorisés, voire oubliés, et sans lesquels il ne peut y avoir de véritable développement intellectuel.

Être en relation

Chez l'homme, le développement neurologique du cerveau s'effectue grâce à une longue période de dépendance et de stimulation au contact des adultes. Privé de ces liens dans les premières années de sa vie, le développement du cerveau est incomplet. Il ne suffit donc pas d'alimenter l'enfant, de le tenir propre, il faut également le nourrir de liens pour assurer sa survie psychique. La mère ou la figure d'attachement joue là un rôle essentiel.

Tous les enfants du monde ont besoin, pour exister et pour grandir, d'exister et de grandir dans la relation à une figure d'attachement. Sans elle, ils ne sauraient être que prostrés, murés dans l'absence de l'autre et d'eux-mêmes, incapables d'accéder à leur part d'humanité. Les bébés découverts en 1989 dans les orphelinats roumains en donnent une preuve triste et choquante. Les éducatrices n'avaient que le minimum vital à leur donner : la ration de nourriture et le change. Elles ne les touchaient pas, ne leur parlaient pas, ils restaient dans leur lit-cage et mouraient bientôt, sinon physiquement du moins psychiquement.

Le bébé humain ne s'épanouit que dans l'échange. Caresses, sourires, regards, gestes, paroles sont autant de briques qu'il peut assembler pour construire l'image et l'estime de soi.

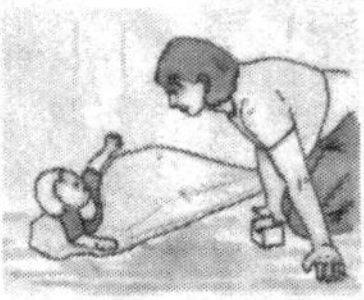

Le bébé fonctionne de manière biologique jusqu'à ce qu'il rencontre un regard bienveillant, lui insufflant l'irrésistible envie de quitter le monde animal pour s'élever vers celui de l'humain.

Plume et plomb : le poids de l'enfant imaginaire

La relation que les adultes créent avec l'enfant lui préexiste tant il est vrai, de nos jours surtout, que celui-ci est idéalisé. L'être humain étant capable de se projeter dans l'avenir, son enfant est fantasmé bien avant que d'être né et même que d'être conçu. Ainsi, le bébé à venir est inscrit dans l'imaginaire de ses deux parents mais aussi d'une double lignée dont chacune des parties projette à travers lui ce qu'elle aurait voulu être, avoir, faire… N'est-ce pas là d'ailleurs l'un des sens de la procréation : concrétiser l'imaginaire, assurer sa propre continuité en l'espérant toujours meilleure, combler ses manques et ses frustrations ? De nombreux parents ont du mal à accepter que leur enfant ne suive pas la voie qu'ils avaient souhaitée pour lui, qu'il ne s'oriente pas vers des études de médecine comme papa qui est docteur ou aurait voulu l'être, qu'il ne se lance pas dans la danse classique comme maman qui rêvait petite de devenir danseuse étoile !

Avant d'être réel, l'enfant à naître épouse parfaitement les contours des rêves de ses parents. Quand il est là, bien vrai, il n'est jamais tout à fait conforme à celui qui avait été imaginé. Le Petit Prince de Saint-Exupery n'est vraiment satisfait de son mouton que lorsque le dessin censé le représenter lui donne à voir une caisse seulement et non le mouton qui lui semble trop malade, trop cornu ou trop vieux…, trop mouton en somme !

Alors, faute de patience […], je griffonnai ce dessin-ci et je lançai :

« Ça c'est la caisse. Le mouton que tu veux est dedans. »

Mais je fus bien surpris de voir s'illuminer le visage de mon jeune juge :

« C'est tout à fait comme ça que je le voulais ! ». […]

Il pencha la tête vers le dessin :

« Tiens ! il s'est endormi ! »

Nos sociétés occidentales cherchent à réduire toujours plus le décalage entre l'imaginaire et le réel, et refusent l'aléatoire jusque dans la procréation. Les couples se projetaient autrefois dans un nombre d'enfants élevé et jamais défini. Chaque enfant satisfaisait donc une petite part du rêve de ses parents, et si ce n'était pas le cas, la déception trouvait naturellement compensation dans l'existence de la fratrie où le « vilain petit canard » avait une place bien à lui. Peu importait qu'il ne corresponde pas à l'idéal inconscient de ses parents puisque les autres enfants s'en chargeaient tous ensemble. L'enfant réel grandissait donc sereinement dans la liberté de ses imperfections.

Avec la maîtrise de la conception, ces dernières décennies ont connu un profond bouleversement. Le couple ne fait plus des enfants au gré du hasard ou de la volonté divine, il fait un projet d'enfant parmi d'autres projets. L'enfant fantasmé prend corps dans un, deux ou trois enfants. Plus rare, il est plus précieux, et par là même, il demande un investissement accru. L'idéal pèse donc très lourd sur le premier enfant, si lourd que certains, littéralement écrasés, ne peuvent le soutenir, ce qu'illustre bien le film culte adapté du roman de N.H. Kleinbaum, *Le cercle des poètes disparus* : « Je ne serai jamais à la hauteur de vos espérances », crie le héros désespéré.

L'enfant de l'an 2000 est un enjeu de réussite familiale par son développement physique et intellectuel, ses résultats scolaires et sportifs… Ses parents sont prêts à tout miser sur lui pour qu'il puisse bénéficier de ce qui se fait de mieux, pour lui… et pour eux.

Contraception, échographic, amniocentèse, haptonomie (jeu avcc le fœtus à travers le ventre de la mère inventé par Franz Veldman), les progrès de la science et la multiplication des connaissances sur l'enfant rendent possible la jonction entre le bébé dont on rêve et le bébé qu'on porte. Ils permettent aux parents de reconnaître leur enfant avant sa naissance. Cette avancée considérable ne doit pas masquer le risque qu'elle comporte : que l'enfant à naître soit déjà enfermé dans le désir de ses parents, celui de tout maîtriser, de maîtriser surtout cette vie mystérieuse qui leur échappe et lui appartient.

Toutes ces techniques extraordinaires qui nous ont apporté confort et réconfort ont aussi considérablement rétréci l'imaginaire. Les contours de l'enfant se précisent, le sexe se distingue. « Ce sera une fille », dit-on bien avant que l'enfant soit effectivement là.

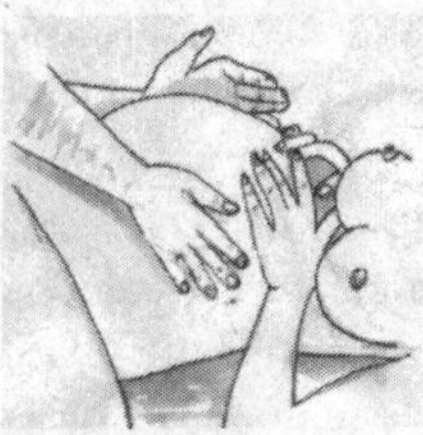

Les quatre mains sur le ventre inscrivent le bébé à venir dans le désir parental mais la tentation est forte de prendre ce ventre pour une boule de cristal au cœur de laquelle le désir se transforme en prédiction.

Difficile aujourd'hui de s'accommoder des incertitudes qui accompagnaient jadis naturellement la venue au monde d'un enfant : son sexe, son état de santé physique et mental, la date de sa naissance…, autant de surprises qui n'en sont plus ! Programmer la naissance d'un enfant, c'est désormais possible et combien pratique. On calcule, on s'arrange, on s'organise, on déclenche… : vendredi, ce serait bien pour tout le monde, le corps médical compris : les week-ends sont sacrés.

Des interrogations que suscitait la perspective d'une naissance dans une famille, nous sommes passés à des affirmations. L'événement n'en est plus tout à fait un puisque toutes les circonstances en sont soigneusement contrôlées. Ne nous y trompons pas : le rêve de toute-puissance de nos sociétés, le désir de tout maîtriser, le temps, la procréation, la vie… trahissent un idéal eugénique.

À corps et à cri : la naissance

Tandis que ses parents l'attendent, le rêvent, le redoutent, l'enfant réel se développe à l'abri du ventre maternel que D. Anzieu qualifie de « première peau ». La paroi utérine, le liquide amniotique et le placenta l'enferment dans un œuf qui comble tous ses besoins et le protègent de toutes les agressions extérieures, cependant qu'une protection plus subtile s'élabore au fil du temps : les bourgeons sensoriels apparaissent vers le troisième mois de gestation ; l'embryon fait donc très tôt ses premières expériences tactiles, olfactives, gustatives, auditives, qui sont enregistrées et stockées dans ce qui deviendra son cerveau et constitueront plus tard une part de sa mémoire non consciente.

Premier organe développé durant la gestation, la peau, qui recouvre l'intégralité du corps, est fortement sollicitée, notamment le long de la ligne dorsale, de l'occiput, au bas du dos. Comme les touches d'un clavier d'ordinateur, ses cellules sensitives envoient au cerveau des messages parmi lesquels la définition des limites du corps (en position fœtale, bras et jambes repliés protégeant la zone vitale, plexus, estomac) et de la température à 37° du liquide amniotique.

Les quatre autres sens se situent sur le pourtour du visage. Ils transmettent également au cerveau un certain nombre d'informations :

– le nez et la bouche associés à l'odorat et au goût ; l'épithélium olfactif et les bourgeons gustatifs sont différenciés dès 1 mois et demi et 3 mois de gestation. Le fœtus avale et rejette en permanence le liquide amniotique dont le goût et l'odeur varient en fonction de l'alimentation de la mère ;

– l'oreille ; les cellules ciliées responsables de l'ouïe sont différenciées dès 3 mois et demi et matures vers 6 mois. Des sons intérieurs et extérieurs sont enregistrés ainsi que le mouvement perçu par l'oreille interne ;
– l'œil ; les bâtonnets relatifs à la vue sont différenciés vers 4 mois et presque complets après la naissance.

Connectées les unes aux autres, ces expériences sensorielles *in utero* constituent une véritable enveloppe sécurisante, préparant l'enfant à sa naissance future. En attendant, il est évident que cette vie d'avant la vie se fait en symbiose totale avec la mère. Le fœtus n'a aucune demande qui ne soit satisfaite instantanément. Il vibre donc au seul diapason de la voix de sa mère, partage de façon intime la moindre de ses émotions (rythme cardiaque augmenté ou ralenti, production d'hormones…).

Les expériences conduites jusqu'à ce jour ont pu reproduire une fécondation *in vitro* mais n'ont jamais pu réunir toutes les conditions énumérées plus haut, indispensables à la survie de l'embryon.

Dès lors, nous pouvons imaginer ce que sera le besoin d'attachement du nouveau-né à sa mère. Mais nous imaginons aussi bien la difficulté pour elle de reconnaître que l'enfant qui sort de son corps est différent d'elle.

Le moment venu, la naissance sera avant tout un phénomène physique. Les contractions utérines, d'abord très espacées, puis reproduites toutes les dix minutes, enserrent l'enfant à naître et l'embrassent avec violence. La peau est massée, la cage thoracique malaxée, la préparation est vigoureuse et énergique. Le passage dans le canal pelvien est l'ultime caresse qui n'oublie pas un millimètre carré de peau, caresse donnant vie à un « tout et unique ».

Le premier cri retentit : l'enfant réel est là.

La pesée de l'enfant réel

Les réflexes archaïques comme le cri, l'agrippement (le *grasping*), la succion, présents à la naissance, sont des réflexes de survie inscrits en l'homme depuis la nuit des temps.

Le cri permet au nouveau-né de respirer, la succion de téter. Quant au *grasping*, il permet aux paumes de se resserrer très fort au contact d'un objet, d'un tissu, des cheveux, d'un doigt, de s'accrocher et de se suspendre, réflexe observé chez les bébés singes qui s'agrippent à la fourrure de leur mère et y restent blottis. Le bébé d'homme ne peut s'accrocher à sa mère, aussi c'est elle qui répond à ce réflexe en portant son bébé et en le serrant contre elle. Le cri disparaît à la fin de la première année en se symbolisant dans la parole.

La coupure du cordon ombilical, que la tradition laisse symboliquement aux soins du père, célèbre la séparation physique du corps de la mère et de celui de l'enfant. Le père, première relation sociale de l'enfant, intervient donc immédiatement avec la double mission de transformer la dyade « mère-enfant » en triade et d'aider la jeune mère à réinvestir le rôle de femme sexuée qu'elle a perdu avec la maternité.

Le deuxième acte important de la naissance est la pesée. La femme accouchait autrefois à la maison et les balances pour bébé n'existaient pas. Les membres de la famille se passaient l'enfant et, tour à tour, donnaient son poids. Cette coutume existe encore dans certains pays du monde. Ne nous y trompons pas. Certes, il y a de quoi être fier d'un bébé fort et lourd. Mais le poids symbolique compte davantage : c'est l'importance de l'enfant dans sa famille qui est ainsi appréciée.

Les sociétés occidentales ont radicalisé le rituel et en ont fait une formalité médicale : il n'y a plus guère que la mère pour connaître le poids de son enfant et s'en enorgueillir, et encore ! De plus en plus, le bébé n'intéresse l'adulte que comme un prolongement narcissique flatteur : en témoigne la médaille d'or donnée au bébé de 2001. Seul compte le podium !

Si la coupure du cordon et la pesée confient déjà le nouveau-né à son entourage, il est encore avant tout « l'enfant de sa mère », et pour longtemps. La relation est toujours symbiotique puisque c'est la mère qui continue à nourrir, changer, protéger son enfant. Mais la satisfaction de ses besoins n'est plus immédiate, il commence à les ressentir. Son estomac lui procure la sensation nouvelle de la faim. La température de son corps varie et lui donne une sensation de froid, l'absence de contact permanent une impression de solitude. Les bercements continuels se sont arrêtés, les bruits et les sons ne sont plus filtrés… Rien de commun avec les conditions de vie prénatales.

Le nouveau-né éprouve son individualité mais aussi la perte du contenant utérin : ses membres soumis à des mouvements non coordonnés et non contrôlés, qu'explique l'immaturité physiologique, le vouent sans appel à une angoisse profonde si rien n'est fait pour lui venir en aide et « rassembler ses morceaux » épars. La mère ou la figure d'attachement doit satisfaire les besoins fondamentaux de l'enfant mais aussi faire office de « seconde peau » pour compenser l'absence de la

« première peau [2] » qu'elle lui a offerte jusque-là. Selon D. Anzieu, c'est elle qui, par ses soins, permet au nourrisson de structurer peu à peu son psychisme et de se représenter lui-même en introjectant l'expérience qu'elle lui donne à vivre de la surface de son propre corps. Elle tient lieu de « Moi-Peau », d'enveloppe unifiante et contenante qui protège aussi bien des agressions extérieures que des pulsions internes.

Si ce « Moi-Peau » vient à manquer, l'enfant est seul, livré à lui-même. La femme s'imposant de plus en plus socialement, elle se détache prématurément du nourrisson. Il n'est pas rare qu'elle entame dès sa sortie de la maternité un régime draconien pour retrouver la ligne, manifestant ce faisant une volonté de réinsertion sociale rapide qui passe par une sorte de négation des neuf mois de grossesse.

Si, au contraire, l'enveloppe contenante se révèle étouffante au point d'être littéralement « préservative », elle finit par nier l'existence d'un être différent d'elle et compromet l'accès à l'autonomie de l'enfant. C'est ce danger que pointe J. Salomé par sa formule : « Mets ton pull, j'ai froid », celui de la confusion des sujets beaucoup plus fréquente qu'il n'y paraît : « Mange, je te dis que c'est bon ! »

Le « je » du nourrisson est donc forcément celui de la mère et le sien. La capacité à faire seul lui sera peu à peu transmise ou non par l'autre à travers ce dont il dispose et qui lui appartient en propre : son corps, ses mouvements et ses cinq sens.

---

2. Didier Anzieu, *Le moi-peau*, Dunod.

La figure d'attachement, dans son apparente protection, enserre physiquement ses bébés, empêchant tout mouvement. Les quatre mains sont omniprésentes alors que la naissance a eu lieu ; elles évoquent cette difficile mise à distance du bébé qui semble devenu un bouclier maternel.

Les fées sur le berceau : re-co-naissance et re-connaissance

La mère ayant accueilli son enfant, il est l'heure pour lui de faire sa rentrée sociale. Le père (ou toute personne investie de ce rôle) va le déclarer civilement.

En lui donnant un nom, il lui apportera son histoire, sa génétique, son origine, sa culture et une mémoire. En lui donnant un prénom, il l'élèvera au titre d'individu au sein de la fratrie.

L'attribution d'un prénom, cadeau ou fardeau d'une vie, n'est pas mince affaire, les parents le savent. Mais ont-ils toujours bien à l'esprit l'importance que ce sera ensuite pour l'enfant de s'entendre appeler effectivement Yohann et non Maxime comme son frère aîné ? Il y va du respect de son individualité. La confusion des prénoms, fréquente au sein des familles, et l'oubli des noms dans les collectivités d'enfants sont souvent générateurs d'agressivité. Que l'éducatrice interpelle Noémie sans préciser si c'est à Noémie Durand ou à Noémie Dupond qu'elle s'adresse, et elle aura déclenché un conflit avant la réaction de l'une ou de l'autre !

Le diminutif, qui appartient exclusivement aux parents, doit également faire l'objet d'une attention particulière et ne pas dévaloriser l'enfant sous prétexte d'être une marque d'affection. *« Mon gros »,* ce peut être gentil et générer à la longue des complexes…

Vient alors le temps d'une nouvelle naissance acceptée par les autres, celui de la re-co-naissance. Le groupe familial et social qui entoure le nouveau-né se redéfinit à travers lui, trouve en lui l'expression de sa propre histoire.

L'arrivée d'un nouveau-né bouscule la vie de toute une famille et crée une effervescence autour du berceau.

Qui n'a pas assisté à cette scène au-dessus du berceau où chacun voit ou croit voir une ressemblance avec un ou plusieurs membres de la famille ? « Oh ! Il a les yeux de son père, mais le nez de sa grand-mère maternelle ! »

On peut parler cette fois de re-connaissance. C'est à ce moment-là que se jouent l'intégration et l'acceptation de cet enfant au sein de telle ou telle lignée. L'enfant est ainsi le miroir dans lequel se reflète le passé, un passé souvent oublié, parfois même caché…

Regards et miroirs : la fascination de Narcisse

La personne la plus impliquée dans cette relation-miroir est évidemment la mère. C'est en elle que la fécondation a eu lieu, c'est elle qui a abrité la création de ce nouvel être, et elle ressentira le poids de cette responsabilité toute sa vie. Les premières expériences du bébé se font toutes en miroir à l'adulte, phénomène que J. Cosnier appelle « l'échoïsation primaire ».

Dans cette relation, l'effet miroir opère essentiellement au niveau du visage, et plus précisément des yeux.

Toute relation mère-enfant se situe au niveau des regards. « Quand le bébé regarde sa mère, il voit deux choses, les yeux de sa mère, et sa mère en train de le regarder », affirme D.W. Winnicott.

À ce propos, signalons l'expérience filmée menée par M.M. Haith, T. Bergman et M.J. Moore montrant que le regard du nouveau-né contourne très rapidement le visage et la bouche de sa mère mais se dirige des dizaines de fois vers les yeux de celle-ci, en laissant un très fort impact. Ou celle de Scania de Shonen qui propose à l'enfant deux items représentant deux triangles, l'un pointe vers le haut, l'autre pointe vers le bas : le regard du bébé s'intéresse toujours au second dont la forme rappelle celle du visage humain.

L'importance du regard n'est pas consciente la plupart du temps, même chez la mère qui s'étonne parfois des réactions de son bébé dont elle a l'impression qu'il lui obéit alors qu'elle ne lui a rien dit. Sans doute ne lui dit-elle effectivement rien par la parole mais l'enfant déchiffre le langage de ses yeux par lesquels elle semble avoir sur lui tout pouvoir.

B. Cramer place un bébé à quatre pattes sur une plaque de verre transparente, sa figure d'attachement silencieuse à côté. Alors qu'un vide les sépare, l'expérimentateur appelle l'enfant à lui. Le bébé cherche aussitôt l'approbation de la figure d'attachement : si le regard est bienveillant, l'enfant obéit à l'injonction, sinon, il reste où il est.

Si tout passe à ce point par les yeux, on imagine les répercussions qu'un regard de la mère, franc et aimant ou au contraire hostile et déviant, peut avoir sur le développement de l'enfant. Le regard ne triche pas si la parole le fait. L'enfant s'y verra reconnu ou nié. Se joue là, et ce n'est pas rien, la qualité du lien qui l'attache à sa mère, condition au détachement futur et donc à l'acquisition de son autonomie.

Par le regard, la mère modèle son enfant. Selon M. Lemay, elle « hallucine » son bébé, ce que prouve bien l'expérience que B. Cyrulnik mène avec les jumelles monozygotes Zoé et Chloé, façonnées par l'image que leur mère projette de chacune d'elles : alors qu'a priori, rien ne les distingue vraiment, leur mère « décide » des traits de caractère de l'une et de l'autre et les induit. Ainsi, nous sommes tous les produits d'un fantasme, et heureusement : c'est ce qui nous donne une histoire. Si tout va bien, les rencontres, les regards croisés, permettent ensuite de sortir de cette hallucination première et de ne pas en rester prisonniers.

C'est qu'à son insu, la mère se reconnaît dans les yeux de son enfant, elle y reconnaît sa propre histoire, y voit resurgir un vécu oublié plein de joie ou de tristesse, un vécu oublié car la mémoire consciente n'existe pas ou très peu avant 3 ans. Qu'on soit mère, parent ou professionnel, le contact avec un poupon engage d'ailleurs un processus relationnel toujours complexe : d'une part, une relation avec un bébé qu'on entend, touche, sent, à qui on parle, en un mot, qui existe ; d'autre part, avec un bébé qui a été soi, qui a existé, et dont on ne sait rien parce qu'on ne se souvient pas de lui bien qu'il soit parfaitement mémorisé ! Rien de commun donc avec la relation que l'on crée avec un enfant plus grand qui fait appel à des références propres, des souvenirs véritables qu'on peut appréhender !

Dans des cas dramatiques de handicap, on peut observer l'extrême souffrance des mères, souvent incapables de surmonter une réalité qui, en plus d'être difficile, se trouve très éloignée de leur propre vécu et rend impossible la mise en place de la relation miroir. Elles ne peuvent supporter l'image qui leur est renvoyée d'elles-mêmes à travers leur enfant. Les pères se substituent alors à elles, non sans peine.

L'observation du mode de communication utilisé par certains adultes, pères, parents éloignés ou professionnels, pour entrer en relation avec l'enfant révèle leur réticence à s'impliquer dans une relation physique avec lui et à s'investir dans la fonction miroir. Durant le change, par exemple, seules compteront les fesses du nourrisson : le portage se fait sur le côté, le dos de l'enfant contre son corps, une main encerclant le ventre !

Avec un enfant un peu plus âgé qu'il faudra habiller ou faire manger, la tendance sera de se placer derrière lui et non pas devant ! Tout se passe comme si l'on évitait de croiser son regard. Comment, dans ce cas, la relation peut-elle naître ? Comment l'enfant saurait-il se reconnaître et grandir dans une relation qui n'en est pas vraiment une ?

Le bébé est privé de ses principaux capteurs sensoriels, les yeux ne croisent aucun regard, le pavillon des oreilles est orienté à l'opposé du son de la voix, l'odorat ne distingue pas les odeurs familières, ce bébé se transforme en objet manipulé à souhaits, il devient un pantin passif.

Cette difficulté est-elle liée au tabou du toucher, de plus en plus développé dans nos sociétés occidentales ? Est-elle liée au refus de s'investir affectivement pour un enfant dont il faudra se séparer tout à l'heure pour aller travailler ? Ou à la peur de se regarder en face ?

La puéricultrice, de surcroît, n'a pas toujours conscience du fait que son métier l'engage au niveau relationnel. L'enfant est objet bien plus que sujet, outil de travail parmi d'autres, parfois en surnombre dans un contexte difficile où temps et place sont comptés.

Le ventre du kangourou : *holding* et *handling*

Exigence vitale que notre train de vie nous amène à négliger, voire à ignorer… Le bébé d'homme complètement immature a besoin, comme le kangourou, d'une poche pour continuer de se développer, un ventre qui lui tiendra lieu de seconde peau. Il n'est physiologiquement pas prêt à survivre à sa propre naissance : doté comme il se doit de deux bras et deux jambes, il est incapable d'en contrôler les mouvements violents et anarchiques qui le vouent sans appel à ce qu'Esther Bick et W.R. Bion [3] décrivent comme l'angoisse primitive de dislocation, et ses variantes, la peur de désintégration, d'écoulement sans fin… La crainte, récurrente chez les petits, de disparaître dans le trou de la baignoire en est une manifestation, mais sans doute aussi l'hyperactivité de plus en plus fréquente, et certaines pathologies psychiatriques adultes.

3. Cités par Denis Mellier, *L'inconscient à la crèche*, érès.

Quelles formes peut prendre cette poche ?

Nos grands-mères, intimement convaincues de la nécessité de porter et de contenir les bébés, ne se posaient pas la question. Observant leurs pleurs, les interprétant avec justesse, constatant la difficulté de l'endormissement, elles les langeaient serré. Puis, comme elles n'avaient pas le choix entre le sein et le biberon, elles trouvaient instinctivement la manière de les porter et de les bercer. Le dos était maintenu le long du bras et de l'avant bras, la tête enfouie au creux de l'aisselle. Le corps à corps existait en face à face, garantissant une bonne température et un mouvement continu, le besoin de succion était assouvi. La mise au sein et le bercement répondant naturellement aux besoins primaires de l'enfant pour qu'il se sente ce « tout et unique » dont il a déjà été question, il pouvait continuer sa maturation en toute sérénité.

D'autres cultures portent encore les bébés dans le dos, d'autres dans les bras… On en voit un peu partout dans le monde, sauf en Occident, attachés avec un grand châle dans le dos de leur mère. Les Africaines et les Chinoises reconstituent de cette façon la poche sécurisante de l'utérus. L'arrière de la tête et le dos sont maintenus fermement, la courbure du dos s'emboîte dans celle de la mère reproduisant ainsi la position fœtale, le centre vital est protégé, la température maintenue grâce au contact du corps.

La « fonction contenante [4] » prolonge les caractéristiques de la vie intra-utérine. Elle passe d'abord par le maintien ferme du dos, seule partie du corps que nous ne pouvons voir ni toucher. Cette limite de sécurité peut devenir le siège d'une insécurité permanente si le portage, ou le *holding* selon Winnicott, est insuffisant ou inapproprié (cette insécurité se manifeste plus tard dans les rêves ou les angoisses de déliquescence dont parle Freud). Cependant, telle petite fille de 4 mois que son père soulève à bout de bras pour lui faire « faire l'avion » ne donne aucun signe de malaise et au contraire rit à gorge déployée. C'est que son dos est en fait entièrement maintenu par la main immense de l'adulte, le corps et la tête ne subissent aucun mouvement indépendant de ses bras. Le bébé se sent donc en totale confiance.

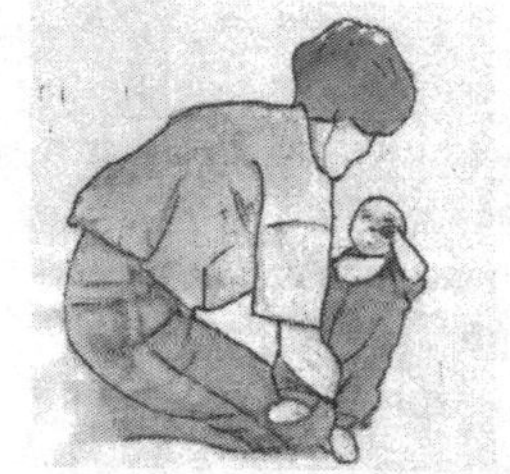

Une main soutient la nuque, l'autre les lombaires. Le bébé est accompagné par le regard et les paroles de la figure d'attachement, ses bras et ses jambes sont détendus il est en sécurité. Ce dialogue a été nommé « tonique » par Wallon car le bébé participe aux mouvements de l'adulte en relâchant sa masse musculaire s'il est d'accord, ou en contractant ses muscles ce qui raidit les membres s'il n'apprécie pas le geste posé sur lui.

Les mamans africaines donnent, elles aussi, l'impression de manipuler leurs enfants de manière intempestive mais leurs gestes sont toujours précis et rassurants.

4. W.R. Bion, *Aux sources de l'expérience*, PUF ; E. Bick, *L'expérience de la peau dans les relations d'objets précoces*, Payot.

La particularité commune est un toucher, un maintien du bébé ferme, pesant, qui lui donnent de vraies limites, une importance, une existence, un poids. D.W. Winnicott parle cette fois du *handling*, du toucher, et rappelle ainsi le rôle prépondérant de la peau.

Qu'en est-il des mères occidentales qui travaillent et ont une vie sociale qui les oblige à se séparer très tôt de leurs bébés ?

Le portage est bien sûr culturel, et il n'est pas vraiment envisageable de conseiller à une maman européenne de mettre son bébé au dos ! En revanche, sachant que le courant est inverse, il faut tout de même l'inviter à le porter aux bras le plus souvent possible.

La jeune femme d'aujourd'hui a le choix entre allaiter et donner le biberon, invention qui lui a autorisé quelques pauses dans son rôle de mère et dont on ne peut que se féliciter. L'homme a cela de plus que l'animal : un peu d'imagination ! Jusque-là, rien de trop grave, si ce n'est que le bébé n'est plus en contact direct avec la peau de sa mère, ne renifle plus l'odeur de son sein mais celle du vêtement ou d'une tierce personne. L'inquiétant n'est pas le remplacement du sein par le biberon mais ce qu'on en fait : un biberon bien calé, finalement, ça peut se prendre seul, dans un transat, et cela évite de donner à l'enfant la « mauvaise habitude » d'être toujours dans les bras !

Le bébé n'est plus réchauffé, maintenu par le corps de sa mère, il ne la sent plus, il n'entend plus sa voix, ne se voit plus dans son regard… Comme il n'est plus langé, plus bercé, que rarement porté, sa poche de sécurité n'existe pas ; l'angoisse primitive a libre cours, avec des effets dévastateurs.

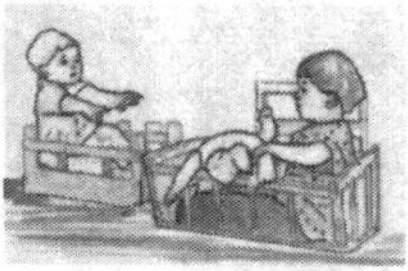

L'observation des jeux des très jeunes enfants, est envahie d'images de contenants. Le bébé à l'instar du jeune chat se confine dans tout ce qui peut ou ne peut pas le contenir. Son squelette cartilagineux lui confère des talents de contorsionniste dès la vue d'une caisse, d'une poussette pour poupée qu'il se dépêche de vider pour s'y installer.

Des moi-sans-peau : Richard et Franck

À 3 mois, Richard était couvert d'un eczéma géant, lui mettant la chair à vif. Il se grattait jusqu'au sang et ne se calmait que lorsque quelqu'un lui frottait le corps, de partout et énergiquement. Le regard de sa mère ne se posait que très rarement sur lui. Sans doute y avait-il un lien entre cette peau écorchée vive et l'incapacité de cette femme à entrer en relation avec son enfant.

Franck, quant à lui, est né hypotrophique, à 1,9 kg. Dès l'accouchement, le corps médical l'a placé en incubateur, c'est-à-dire en chambre stérile, interdite à toute personne étrangère au service, même à la mère, et cela pour un mois. Un mois nu comme un ver, à plat dos, sur un plateau dur et froid, dans une température constante, certes, mais avec comme seul bruit celui du moteur, sans odeur puisque sans contacts physiques, sans personne avec qui croiser son regard

Quid *de la poche structurante, des limites indispensables à sa sécurité ? Si le bébé sain en a besoin pour survivre, celui qui a des problèmes en a besoin deux fois plus !*

Franck est aujourd'hui un beau jeune homme mais il lutte contre un psoriasis géant : des trous dans la peau qu'il essaie de colmater régulièrement par des bains de goudron et de sulfates ou dans un caisson à ultraviolets…

Dans certaines maternités, un peu plus nombreuses chaque année fort heureusement, les prématurés sont transportés par les puéricultrices dans des sacs kangourou placés sur le devant. Ces sacs ne respectent pas la courbure physiologique du dos mais remplissent toutes les autres conditions pour une bonne relation corps à corps.

Mesurant l'extrême dépendance du bébé et la nécessité de satisfaire ses besoins, d'aucuns s'inquiéteront de ne pas réussir à en faire un sujet autonome et d'en être l'esclave trop longtemps.

« Il faut bien qu'il se détache un jour ! », dira-t-on : certainement, mais il y a un temps pour tout. Le détachement viendra d'autant plus vite que l'attachement très fort, nécessaire à la vie, aura existé. L'odeur, la voix, le regard, la caresse, le portage, préparent le bain structurant dans lequel le bébé d'homme s'épanouit et grandit.

D'ailleurs, cette relation de corps à corps ne doit pas être fusionnelle vingt-quatre heures sur vingt-quatre. Elle sert à mettre le bébé en sécurité existentielle de manière à ce qu'il accepte la séparation d'avec l'autre : « Je t'ai donné ce dont tu as besoin, maintenant tu es capable de… »

Tout le problème est de distinguer les moments où l'enfant a besoin de cette relation protectrice des moments où il n'a besoin de personne.

Être avec…

La relation miroir, le *holding* et le *handling* s'inscrivent au rang des besoins physiologiques fondamentaux au même titre que le besoin de nourriture, de propreté, de sommeil… Mais parce qu'ils semblent moins élémentaires peut-être, moins urgents, et que le temps manque, ils sont négligés, repoussés à plus tard ou occultés. Pourtant, ils déterminent la nature du lien qui, ensuite, attachera l'individu à lui-même, à ses semblables, à son environnement : ne pas leur accorder l'importance qu'ils ont de fait peut s'avérer lourd de conséquences.

Si tout est question de temps, travaillons avec le temps. Le bébé ne peut ni se nourrir, ni se changer, ni se mettre au lit seul, sa mère ou sa figure d'attachement doit le faire pour lui. En revanche, un nourrisson « vivant » s'intéresse seul à tout ce qui l'entoure, en commençant par ses mains, ses pieds, puis les objets… L'adulte peut alors le laisser tranquille pour s'occuper de ses propres affaires. C'est non pas dans le jeu qu'il convient d'assurer la « fonction contenante » et de créer la relation mais dans ces moments de soins biologiques absolument nécessaires. Le repas, le change, l'endormissement peuvent servir de supports à la relation et mis à profit pour projeter à l'enfant sécurité intérieure et estime de soi. Ritualisés, ils deviendront de véritables tuteurs de développement et non plus seulement des actes formels incontournables.

Ce soin vecteur de relation où l'enfant est acteur, donné à lui-même, est ce que nous appellerons le soin relationnel.

… au cours du repas

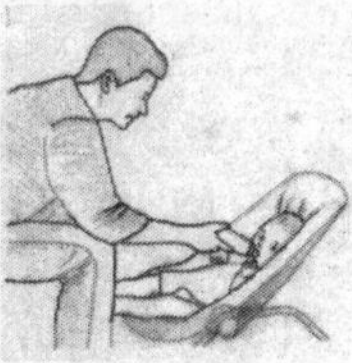

Fig. 1. Le bébé est bien contenu dans le transat mais la courbure du dos n'est pas respectée entraînant un tassement des lombaires. La distance entre ses yeux et ceux de la personne en face est supérieure à celle permettant une bonne accommodation du regard. Le dialogue tonique est inexistant.

Fig. 2. Le dos est bien maintenu mais la relation miroir inexistante transforme le bébé en entonnoir.

Fig. 3. Le regard est à bonne distance (30 cm) pour une bonne accommodation, le bébé est parfaitement contenu, la courbure du dos respecte les lombaires, le dialogue tonique permet à chacun des partenaires de s'ajuster à l'autre.

Fig. 4. Les deux personnes sont bien en relation, le bébé essaie de toucher le visage de l'adulte qui ouvre la bouche quand il met la petite cuiller dans celle du bébé. Les membres sont détendus, le bébé prend son repas paisiblement.

Dans le corps image du tout petit, la plus grande part est réservée au dessin de la bouche et la région périorale sensibilisée aux stimuli [5] de la vie intra-utérine dès les deux premiers mois. Le réflexe de succion, la maturité très précoce des papilles gustatives qui tapissent le fond de la cavité buccale, font de lui une bouche immense, prête à tout avaler.

En effet, l'hyperexcitabilité de la zone périorale conduit le nouveau-né à tout mettre à la bouche. C'est par là que passe toute découverte. Cette sensibilité, composante indispensable de l'appétit, lui procure un plaisir riche, où se confondent le plaisir de la succion, de l'odorat, du goût..., sans compter celui, corollaire, d'être porté, tenu.

Le remplacement du sein par le biberon conserve le plaisir de téter et d'être tenu, mais il supprime celui du contact corps à corps, de l'odorat, et surtout du goût : le lait industriel a toujours le même goût alors que celui du lait maternel varie sans cesse. L'alimentation diversifiée, introduite chez le nourrisson dès 3 mois, pallie cet inconvénient mais beaucoup de cellules ont déjà été sacrifiées à cet âge par manque d'excitation. Les cellules sensorielles non sollicitées s'atrophient et appauvrissent les données mises en mémoire. Les générations *fast food* ne sont-elles pas le fruit d'une alimentation insipide et monotone ? Leurs aînés, dont les papilles ne pourraient supporter un tel ennui dans la nourriture, restent perplexes devant le spectacle de ces services rapides qui ne désemplissent pas. Réalisant que quelque chose d'important a été perdu, ils en sont réduits à proposer dans les écoles des « semaines du goût » !

5. *Les cahiers du nouveau-né* n° 5, tableau de C.M. Nistretta et R.M. Bradley.

Le recours au biberon offre à la mère une marge de liberté non négligeable dont elle se laissera aller à abuser si elle n'est pas vigilante. Dès que le bébé tient peu ou prou assis, il peut le prendre seul dans son siège et faire gagner du temps à tout le monde. Il n'a plus guère à savourer que le plaisir de téter et qu'il se dépêche de le faire, car dans leur hâte de voir grandir leur enfant, les adultes qui perçoivent la succion comme un réflexe primaire, suppriment quelquefois le biberon très tôt : « Il ne prend plus son biberon, il est grand maintenant ! » Sans doute mais il ne reste alors plus rien à l'enfant du plaisir relationnel qui accompagne et favorise celui de se nourrir.

La nourriture étant symboliquement chargée, car associée à la vie et à la mort, le temps du repas provoque des tensions qui mettent au jour une inquiétude inconsciente importante de la part de l'adulte. Les échanges en deviennent difficiles et parfois sources de chantage : *« Une cuiller pour papa, une cuiller pour maman… Si tu ne finis pas ce qu'il y a dans ton assiette, je ne serai vraiment pas contente ! »* Le nourrisson ou l'enfant a pourtant très peu de raisons objectives de refuser la nourriture : sa vie en dépend. S'il le fait, ce peut être que la quantité d'aliments est disproportionnée par rapport à son poids, qu'il est déjà rassasié, qu'il est surpris ou gêné par le goût, ou tout simplement qu'il est trop fatigué, qu'il souffre d'une indisposition passagère.

Ces raisons écartées, les difficultés rencontrées sont d'ordre relationnel, dues à un décodage erroné des manifestations de l'enfant ou à une attitude inappropriée de l'adulte.

… au moment du change

Moment intime par excellence, le change place le bébé dans une position physique qui lui impose une grande passivité. Le toucher ne doit être ni intrusif ni abusif. Par respect du corps qui est le sien, de sa pudeur, de son droit de dire non, il faut rester attentif à ce que Wallon nomme le dialogue tonique de l'enfant. Les rétractions musculaires, les mouvements, la fuite du regard traduisent une gêne. Ce n'est pas le moment ! Et pourtant, il n'est évidemment pas question de faire l'impasse sur la toilette. Il suffit en principe que l'adulte garde à l'esprit qu'il lave un enfant et non une paire de fesses pour que tout rentre dans l'ordre. Les regards se croisent, le mot accompagne le geste et sollicite l'enfant : *« Donne-moi ta main droite, soulève tes fesses, tourne-toi…* » L'enfant est acteur, il ne subit

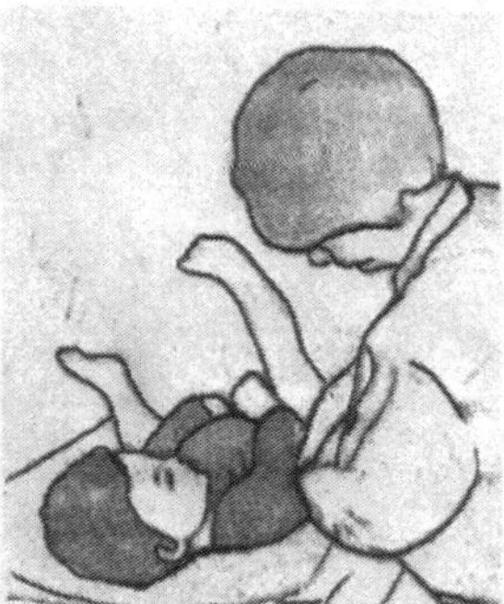

Le bébé est bien acteur au cours du change si l'adulte est à l'écoute du dialogue tonique.
Dans cette position de soumission, le risque pour le bébé est grand de se voir imposer des gestes non désirés par un adulte qui ne mesurerait pas la portée de ses gestes. La fuite du regard, le moindre frémissement musculaire, la poussée des membres inférieurs doivent faire interrompre le soin sous peine de vite devenir des gestes intrusifs dans l'intimité du corps du bébé.
C'est pendant ce temps-là que le bébé fait l'apprentissage d'un corps respectable parce qu'il a été respecté et qu'il a intégré la notion de pudeur.

pas les manipulations, il participe. Le soin, le regard, la parole forment ensemble une enveloppe structurante, à condition bien sûr qu'ils ne soient pas porteurs de jugement négatif ou discordants : il n'y a aucun intérêt à dire à un enfant qu'il est le plus beau si les yeux sont ailleurs ! Il n'est pas dupe !

Le change peut toucher à sa fin avec le soin du visage et la présentation au miroir qui renverra au petit l'image de lui-même, un beau bébé propre et aimable.

Le change se termine par le soin du visage permettant ainsi de dégager les voix aériennes supérieures et de mettre la touche finale par le coiffage. Cette étape trop peu valorisée soigne l'image que le bébé va donner de lui-même aux autres et d'abord au reflet du miroir auquel il est présenté. C'est le temps où il se sent devenir aimable.

… au moment de l'endormissement

C'est une relation essentiellement de nidation, la plupart des stimuli sensoriels extérieurs doivent s'atténuer pour disparaître et permettre la fermeture des paupières ; la relation miroir et la parole laissent la place à un holding ferme bloquant ainsi le pédalage et les mouvements brusques du corps.

Chaque enfant a ses propres signes d'endormissement : il bâille, il se frotte les yeux, le nez ou les oreilles, avec le dos de la main, il suce son pouce, prend sa sucette, agrippe son doudou, s'isole du groupe. Ces signes ont tous la particularité d'être silencieux et de s'observer pendant le temps de jeu de l'enfant. C'est pourtant l'heure d'intervenir et de le mettre au lit sans tarder. Ne pas le faire génère une fatigue et une excitation toujours accrues, et des pleurs qui compromettent le cycle de sommeil suivant. Tout ce qui sollicite l'esprit et le corps est alors à éviter : le moment n'est plus chez les petits à la relation de face à face, aux *holding* et aux *handling*, à la toilette qui annule l'effet tranquillisant du repas, et chez les plus grands, aux parties de course-poursuite ou de chatouilles qui mobilisent beaucoup trop l'organisme et empêchent le sommeil.

Le temps de l'endormissement appartient aux câlins, aux caresses, aux paroles rassurantes qui ne seront jamais superflues tant les ténèbres, en effaçant tout, peuvent prendre des allures d'ogres gigantesques et affamés ! On raconte une histoire ou on met de la musique douce, on favorise tout ce qui ramène à une ambiance sereine. L'enfant entreprend rarement dans la sérénité le voyage vers le sommeil s'il n'y est pas accompagné. Il préfère la présence chaude et lumineuse de ses parents à l'obscure solitude de la nuit, et c'est bien compréhensible. Certaines cultures, celles du Sud en particulier, n'envisagent pas de laisser un bébé dormir seul car les esprits de la nuit seraient bien capables de s'en emparer ! Sans aller jusque-là, nos esprits cartésiens peuvent concevoir que les enfants ont peur, et ne pas dramatiser si, vers 2 ans, ils cherchent refuge dans le lit de leurs parents pour s'y sentir contenus.

Car il s'agit bien encore de contenir, de redéfinir les limites de sécurité, de « rassembler les morceaux ». Le nourrisson qui ne trouve pas les limites contenantes indispensables à son endormissement le manifeste par le « pédalage » en moulinant l'air de ses pieds. Il signifie ainsi à l'adulte la nécessité de l'aider à nidifier en bloquant ses jambes par exemple.

Réflexe génétique propre à tous les humains, très inhibé dans nos sociétés occidentales, la nidation consiste à se mettre en boule et de préférence bien calé, comme le font tous les animaux, pour se préparer à dormir. En nous privant des repères que sont notamment le bruit, la lumière, le sommeil nous place dans une situation proche de la vie intra-utérine et nous rappelle à nos limites de sécurité inscrites dans le dos et l'arrière de la tête, les parties du corps les plus sollicitées durant la vie fœtale. Le chat tourne plusieurs fois sur lui-même, frotte son museau pour répandre son odeur puis se couche. Le nourrisson paraît s'agiter, frotte son visage et son poing sur le drap, remue jusqu'à ce que son dos et sa tête rencontrent les parois du lit (l'adulte a alors tendance à le remettre au milieu afin d'éviter qu'il ne se cogne) ou enfouit son visage au creux de l'aisselle de sa mère.

Investir le soin d'une relation

Le soin relationnel privilégie la rencontre individuelle autant que les obligations hygiéniques. Aujourd'hui, les parents ont tendance à se débarrasser en toute hâte des « corvées » de repas, de toilette et d'endormissement, au profit du jeu auquel ils attribuent des vertus quasi magiques, garantes de l'épanouissement d'un petit génie. Les uns qui travaillent toute la journée et ne profitent de leur enfant que le soir se plaignent de ne pouvoir jouer assez longtemps avec lui : une fois le repas et le bain pris, il est déjà trop tard, il faut qu'il aille dormir !

Les autres culpabilisent pendant leurs jours de congés, parce que leur bébé est grognon, exigeant, collant, et qu'il leur donne l'impression de vouloir leur faire payer leur absence le reste du temps ! Mais c'est plutôt qu'à le méconnaître, oubliant qu'il faut un temps pour tout, ils le sollicitent trop quand être seul lui serait nécessaire et pas assez quand il aurait tellement besoin d'être accompagné !

Il en est de même en collectivité. Le bébé d'homme, conçu de manière unique sauf dans les cas de gémellité, a des besoins individuels qu'il ne peut partager avec personne. Ses protestations incessantes, ses mains toujours agrippées aux jupes des puéricultrices sont là pour le rappeler.

L'enfant pénible rappelle l'adulte à l'ordre. Il lui signifie à sa manière qu'il est en manque, en danger, surtout dans un service de garde où il perçoit le risque d'être oublié ou confondu avec un autre : « Comment va-t-elle me remarquer ou penser à moi, si je ne crie pas plus fort que les autres, si je ne lui casse pas les pieds ? »

Investir les soins biologiques en y mettant de la relation est un enjeu essentiel pour nos sociétés qui, si elles veulent assurer leur équilibre, doivent offrir à leurs enfants ce dont ils ont naturellement besoin. Le soin relationnel n'est ni plus ni moins qu'une présence effective et affective qui prouve à l'enfant qu'il existe et qu'il n'est pas soluble dans l'air ou le groupe. Il est rassuré, comblé de sécurité affective, et n'en demande en général pas plus ; son temps de jeu lui appartient et les parents ou les éducateurs peuvent bénéficier du leur.

Difficile de se sentir un « tout et unique » quand l'un des premiers besoins vitaux est distribué comme dans une batterie de volatiles.

Un être d'expérimentation

Le bébé a bien mangé, bien dormi, il a pu échanger ses émotions avec sa figure d'attachement... Le voilà maintenant tout à fait apaisé et sa curiosité s'éveille naturellement. Attentif à tout ce qui se trouve autour de lui et qu'il appréhende avec ses cinq sens, il écarquille grand les yeux, se retourne à chaque bruit, s'agite... Autant de signes qui doivent faire comprendre à l'adulte que le moment est venu pour lui d'exercer une surveillance plus discrète.

L'enfant a besoin d'un espace de liberté, d'un temps autonome qui va l'autoriser à profiter pleinement du monde sensible qui s'offre à lui. Dans la découverte puis dans l'apprentissage et la connaissance de son environnement, il a pour premier partenaire son propre corps, qui le met en relation sympathique avec le monde. Tout ce qui existe n'existe que parce qu'il peut l'expérimenter et l'interpréter au moyen de son corps.

L'adulte n'a pas toujours conscience de l'importance de cette étape où le bébé explore ses sens à travers le monde et explore le monde à travers ses sens. Il la bride, parce qu'il croit plus efficace de stimuler l'éveil intellectuel ou tout simplement parce qu'il craint que l'enfant se fasse mal. Or, l'intelligence du bébé, bien loin encore de maîtriser le langage articulé, est purement émotionnelle, sensorielle et motrice. Loin d'avoir les effets escomptés, la surstimulation par un trop-plein d'informations que son cerveau immature est incapable de comprendre et de trier, risque de générer une réelle confusion. En outre, à moins d'être fragilisé par une absence de soins contenants, le bébé, qui a parfaitement intégré les limites de son corps, sait d'instinct quels mouvements faire et ne pas faire. En 18-24 mois, si rien ne le contraint, il va naturellement reproduire les étapes de la phylogenèse, de l'être vivant le plus simple à l'*homo sapiens sapiens.*

Qu'y a-t-il de plus fiable que la mémoire du vivant dont il se révèle dépositaire ?

Un bébé serein est un bébé chercheur. Il part à la recherche du trésor et n'en finira plus de le trouver si le temps lui est laissé de construire à son rythme son schéma corporel.

Les expériences sensori-motrices

La précipitation des adultes comme entrave à l'éveil sensori-moteur

Souvent, les parents montrent une certaine fierté à présenter leur bébé à plat ventre sur une couverture. Qui d'ailleurs n'a pas dans ses tiroirs sa photo nu dans cette position ? Le photographe, le père, la mère, tous attendent que l'enfant relève la tête pour le féliciter, applaudir et mettre l'image dans la boîte. Ou bien alors, c'est assis, bien calé entre des oreillers,

Organiser le meilleur environnement pour le bébé et le plus vite possible part d'un bon principe parental mais le précipite dans un monde où il lui manque les outils nécessaires pour le maîtriser : la connaissance de son corps.

la nuque tenue, que l'enfant est pris en photo : pourquoi cette hâte à voir son bébé la tête dressée ? Il n'a pourtant pas encore la force musculaire requise pour adopter spontanément cette attitude.

La qualité du port de tête est le signe de l'évolution de l'humanité du mammifère à l'homme. L'*homo sapiens* se distingue des grands singes par la station debout et la tête droite. Il est donc légitime qu'instinctivement, l'on veuille différencier le bébé d'homme du bébé animal.

Mais force est de constater que, dans les pays industrialisés où tout doit toujours aller très vite, cette hâte est devenue une précipitation qui nous fait brûler des étapes importantes de l'évolution motrice du nourrisson et qui rejaillit sur son éveil sensoriel.

Le corps est le tout premier lieu où l'on s'appartient.

Pour vivre son corps plutôt que de le supporter malgré soi et le traîner parfois comme un boulet, il faut savoir l'habiter pleinement. L'un n'allant pas sans l'autre, un corps pleinement habité, c'est aussi un esprit pleinement habité, et par conséquent, un corps social riche. Cet ensemble d'équations qui assure l'harmonie de l'être humain montre toute l'importance que l'on doit accorder au développement du schéma corporel.

L'analyse des différentes positions dans lesquelles nos bébés sont placés aujourd'hui prouve que le bébé est poussé dans son développement. L'idéal de l'enfant précoce et surdoué, qui manifeste dès son plus jeune âge les caractéristiques physiques et intellectuelles de ce qu'il devrait être plus tard, amène les parents et les éducateurs à commettre des erreurs. Le plat ventre, la position assise, le transat sont des positions confortables pour l'adulte qui se projette dans l'enfant mais pas pour le bébé.

Le « plat ventre »

Dans cette position, le corps est bloqué, douloureux, il est vécu comme un poids lourd inintéressant puisqu'il ne procure aucune découverte sensorielle. La relation qui s'installe donne au bébé l'impression qu'il est nuisible, dérangeant, et à l'adulte qu'il est incompétent puisque son enfant n'est jamais content.

« Il est en train de se fortifier le dos », s'émerveillent les adultes devant l'enfant qu'ils ont mis à plat ventre sur le tapis d'éveil. C'est l'impression qu'il donne peut-être : il se cambre pour avoir la tête dressée, relâche brutalement la tension, enfouit son visage, recommence, une fois, deux fois. La troisième, il se mettra à pleurer d'impuissance, de fatigue et d'inconfort tout simplement.

Tandis que la douleur pointe comme des aiguilles tout au long de la colonne vertébrale du bébé, l'adulte déçu conclut qu'il réclame d'être porté.

De la naissance jusqu'à plusieurs mois, le nourrisson a une hypotonie axiale : son dos est mou, ses muscles ne sont pas toniques. Il ne peut prendre appui sur ses poignets dont l'ossification n'est pas mature. Placé à plat ventre, il est contraint, s'il veut participer à la vie qui l'entoure, de soulever sa tête, la partie la plus lourde du corps. Cela nécessite un effort soutenu, provoquant de véritables contractures au niveau du dos.

Dans cette position, aucun mouvement du corps n'est possible. Les membres sont bloqués. Les chansons, la musique, le hochet, rien n'y fait : il ne peut s'intéresser à rien.

Assis

Toute l'énergie du bébé se concentre sur le maintien d'un équilibre précaire. Il utilise ses bras comme balancier et le seul mouvement qu'il peut faire est la rotation des poignées. Ses jambes restent immobiles et crispées, le dos devient douloureux, aucun éveil n'est possible, la seule issue est la chute en avant ou en arrière. Le bébé ne peut développer aucune confiance en lui.

Dans la position assise, le même problème se pose que précédemment mais s'y ajoute celui de l'équilibre. Comment maintenir une tête très lourde sur un dos non musclé sans piquer du nez ? Des contractures apparaissent, les bras sont étendus latéralement et servent de balancier. Le seul mouvement que l'enfant pourra se permettre sera la rotation des mains. Les jambes sont bloquées. Cette position très crispante immobilise le corps : l'enfant ne peut accéder au jouet devant lui sous peine de chuter. Il le réclame d'une autre manière en manifestant avec la voix, gazouillante au début puis de plus en plus forte, obligeant l'adulte à se déplacer et à lui remettre le jouet.

Ce scénario se répète jusqu'à l'exaspération. L'adulte qui ne peut être à la disposition de l'enfant finit par s'éloigner, et c'est la chute en avant, avec son lot de lèvres fendues par les premières petites dents de devant !

Le dos du bébé que l'on a assis trop tôt est typique ; il est rigide, rectiligne alors que la colonne vertébrale possède deux courbes physiologiques (légères cyphose et lordose).

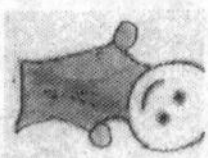

Ce jouet intéresse le bébé qui ne peut malheureusement pas l'atteindre sous peine de tomber. Il y renonce rapidement et finit par verser quand même.

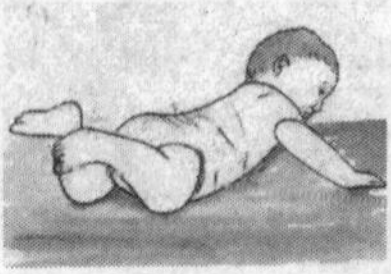

Il y a de fortes chances qu'au prochain essai dans cette position, l'enfant se mette à ronchonner tout de suite, ne laissant pas l'adulte respirer trente secondes. Encore une fois, il pensera que son bébé veut les bras.

L'enfant, sachant qu'il ne peut bouger sous peine de tomber, finit par se désintéresser de son environnement et ne tente plus d'expériences, sa curiosité s'éteint.

Dans un transat ou dans un siège

Le bébé semble tranquille, il découvre Sophie la girafe mais... zut ! après trois manipulations, elle tombe.
Il est tout étonné, essaie de bouger pour suivre la trajectoire de Sophie, mais les choses se compliquent ; la contention du transat retient le bébé qui se débat et finit par s'énerver. L'adulte ramasse Sophie une fois puis deux puis... en a ras-le-bol et finit par le « bouchonner » à la sucette pour un moment de tranquillité !
Dans cette position, le bébé a bénéficié de cinq minutes d'éveil sensoriel, d'aucune expérience motrice et d'une relation condamnée au silence !

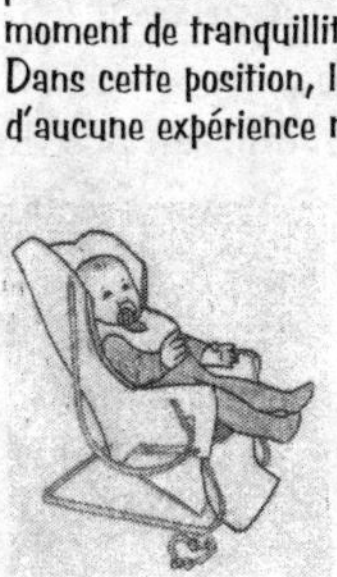

La sucette répondant si bien au besoin naturel de succion devient un objet détourné de sa fonction première.

Le transat, très utilisé dans nos sociétés, présente l'avantage de ne pas solliciter le dos dans un premier temps, ce qui repose le bébé. Mais à la longue, les lombaires se tassent, les membres inférieurs et le tronc sont toujours prisonniers et, fait plus grave avec l'apparition du cosy, la cage thoracique est fermée, empêchant ainsi une respiration profonde et diminuant le volume d'air pulmonaire. Le seul mouvement possible est celui des bras et des mains. Le champ visuel est limité vers l'avant : il n'y a pas de possibilité de vision latérale. Le bébé s'intéresse obligatoirement au jouet qu'il a entre les mains. Il n'a pas le choix.

Oui, mais voilà ! Que le jouet tombe, ce qui ne va pas manquer d'arriver, et il est incapable de le retrouver seul. Il s'ennuie, s'agite, s'énerve, ne supporte plus ses attaches, crie. L'adulte accourt, reprend le jouet, lui redonne une fois, deux fois, et finit à son tour par en avoir assez : que croyez-vous qu'il imaginera ?

Le bébé ne connaît pas son corps. Ce qu'il en sait pour l'éprouver de façon douloureuse est négatif : il tombe régulièrement, collectionne les bobos quand il ne se casse pas les dents. Il est pénible, exigeant. Il lui faut toujours quelqu'un près de lui, même pendant son prétendu temps d'éveil ! Sa dépendance grandit au fil des jours et finit par exténuer l'adulte, sinon par l'étouffer. Celui-ci, pour prendre un peu de distance, a facilement recours à « la sucette » qui subira rapidement le même sort que le jouet.

L'enfant qu'on souhaitait indépendant s'avère au bout du compte « collant », et la relation entre les deux partenaires se complique, elle devient tendue, anxieuse : qui va lâcher l'autre ?

En réponse, deux comportements types apparaissent :
– la mère ou sa figure d'attachement se sacrifie littéralement ; elle est toujours là, disponible, prête à répondre à chaque mouvement d'impatience. Dans ce cas, comment l'espace vital des deux partenaires peut-il être sauvegardé ?
– elle refuse l'engrenage ; elle s'éloigne volontairement, refuse de répondre aux cris et aux pleurs. Comment alors le besoin vital de sécurité de l'enfant peut-il être satisfait ?

Comment l'enfant peut-il grandir et s'épanouir ?

Motricité libre et phylogenèse

L'observation attentive du nourrisson laissé en motricité libre permet de comprendre que le petit d'homme, dès la vie intra-utérine, passe par tous les stades de la phylogenèse avant d'accéder à la position debout qui signe définitivement son appartenance à l'espèce humaine.

Le plat dos

Jusque-là, le nourrisson n'a pu utiliser à 100 % tous les moyens dont il dispose pour découvrir le monde seul, c'est-à-dire son corps et ses cinq sens.

La dernière position qu'il nous reste à explorer est le plat dos, position utilisée en Afrique, en Inde, en Chine, mais étrangement rejetée chez nous car elle ne fait pas assez la différence avec le bébé animal et qu'elle nous renvoie à la vision éprouvante des difficultés rencontrées par… le scarabée renversé !

Le dos est la seule partie du corps qu'on ne voit pas et qui n'est pas mémorisé dans le schéma corporel. On a en a donc peur : toutes nos expressions imagées sur le dos sont négatives : « En avoir plein le dos, casser du sucre sur le dos… »

À plat dos, le bébé n'est pas obligé de solliciter sa colonne vertébrale, sa tête est au repos, la cage thoracique à plat dégageant les poumons au maximum, ses membres supérieurs et inférieurs sont libérés de tout moyen de contention (on évitera d'ailleurs bretelles et ceintures de pantalon), il les tend, les replie. Les mains et les pieds sont mobiles.

Cette position lui permet de remuer tout à son aise, de respirer, de s'étirer, se courber, se cambrer, se plier à droite et à gauche, de se livrer en somme à de véritables exercices de musculation. Toutes les articulations sont mobilisées, en particulier celles de la colonne vertébrale. De la première vertèbre cervicale à la dernière lombaire, la torsion est permanente et complète (ce mouvement de torsion des vertèbres entre elles est l'exercice de base du yoga) :

– les muscles interépineux antagonistes travaillent à 100 % ;
– les nerfs rachidiens qui innervent le corps entier sont massés en permanence entraînant un relâchement des muscles.

Le corps libéré de toutes ses entraves, de toutes les tensions inutiles, le nourrisson se détend et cherche à tout voir, tout toucher, tout goûter. Sa tête pouvant pivoter, il promène son regard à 180° latéralement, en avant, en haut…, repoussant loin les limites de son champ visuel et de son champ d'intérêt !

Ses cinq sens sont en éveil : il n'est alors pas question d'en profiter pour lui apprendre à lire, à compter, à reconnaître les couleurs…, ce qui reviendrait à transformer ses orifices sensoriels en entonnoirs, son corps tout entier en une sorte de « trou sensoriel » qu'on va gaver ! Il s'agit non pas de le stimuler plus qu'il ne l'est déjà naturellement, mais de fournir des réponses à sa curiosité tactile, auditive, gustative, nasale et oculaire. Ni sous-stimulation ni surstimulation : l'enfant a le temps. La maturation sensorielle débute dès la vie intra-utérine et se poursuit jusqu'à 12 ans.

Le respect de l'individu et de sa différence prend ici toute sa dimension. Rien ne lui est imposé (l'adulte n'a sûrement pas les mêmes goûts !) mais une grande variété d'expériences lui est proposée.

Chaque enfant les abordera en fonction de ses besoins, de ses possibilités, de sa particularité.

Dans ces conditions, la nécessité de recourir à un matériel adapté, conçu en fonction de la demande de l'enfant et non du désir de l'adulte, est évidente.

Les expériences tactiles

C'est d'abord par la zone périorale que le bébé découvre les textures, les volumes, les formes, le poids, puis avec les mains.

Un tapis en patchwork est cousu avec des morceaux de même couleur mais de textures différentes. Le bébé, au préalable déshabillé au maximum, touche avec ses paumes, avec la plante des pieds, se caresse le visage, le regard dans le vide. Il tâte le tissu des dizaines de fois.

Il est toujours préférable que l'adulte soit hors de son champ visuel.

Le premier jouet proposé est léger (pour éviter qu'il retombe sur le nez), facilement manipulable (le jouet en tissu répond à ces critères).

Les expériences olfactives

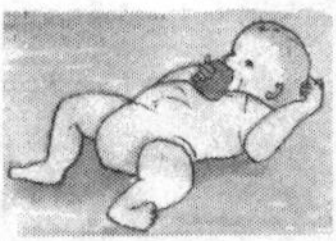

Il se repère aux odeurs familières et son vêtement en est le principal vecteur après le doudou.

Ce sont des sacs qui sont proposés. Ils ont toujours tous la même couleur, la même forme, mais une odeur différente. Ils sont disposés sur plusieurs rangées pour permettre une découverte au fil des acquisitions motrices. Le bébé à plat dos peut ainsi accéder au premier rang ; un peu plus grand, il atteindra le deuxième....

Les expériences auditives

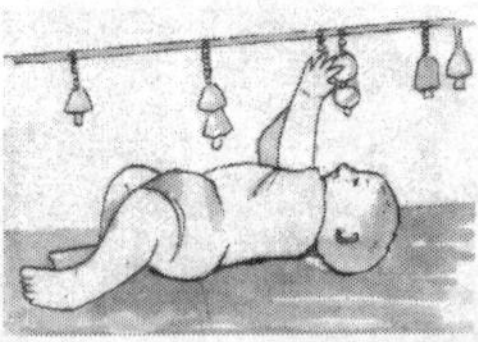

Le bébé à plat dos peut accéder au mobile sonore aux tonalités différentes (acier, bois, clochettes) en levant les bras, il lui arrive de s'y accrocher. S'il bouge, il peut déclencher quelques puces électroniques cachées dans le tapis.

Il provoque volontairement les sons en élevant également les pieds.

Il est très sensible aux voix familières et arrête toute activité motrice dès qu'il les reconnaît.

Les expériences visuelles

Placé devant un miroir, il voit ce qui se passe autour de lui, et se tient compagnie avec sa propre image dont il n'est pas encore conscient.

Les expériences gustatives

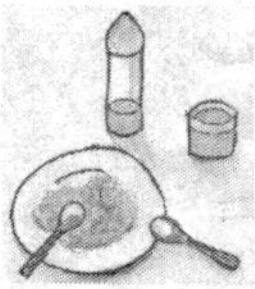

Un effort particulier doit être fait au niveau de la présentation des plats et de la diversité des goûts, des odeurs, des couleurs. Les aliments sont présentés séparément.

Le bébé différencie le sucré du salé, l'acide, l'amer, et ses papilles décèlent l'arrière-goût des aliments que nous avons perdu.

Marie me demande de lui lire une revue, toujours la même, sur laquelle il y a des grenouilles aux pattes rouges. « Elles ont du sang », me dit-elle. Je pense que c'est ce qui l'attire. Mais c'est elle qui tourne les pages, elle n'en a donc pas peur ! Je remarque qu'à chaque page tournée, elle colle le livre à son visage avant que je lui en fasse la lecture.

Le livre terminé, elle en prend un autre, me redonne les mêmes consignes, colle son visage, mais le laisse et reprend celui des grenouilles.

Après plusieurs tentatives infructueuses pour l'intéresser à un autre livre, je m'interroge : pourquoi revient-elle toujours au même ? Que fait-elle en y collant son visage ?

Je reproduis son geste et elle m'interrompt : « Arrête, c'est moi qui le sent ! »

Le livre a une très forte odeur de papier glacé neuf, et la date confirme en effet que c'est bien le dernier numéro reçu.

Après un échange avec ma collègue, il s'avère que Marie a l'habitude de renifler tous les livres ! Son choix se fait à l'odeur !

Marie est une petite fille de 3 ans et demi, issue d'une famille cassée (drogue, prison...) n'acceptant aucune consigne, et mettant souvent les professionnelles en difficulté.

Cette approche du livre par l'odeur et son attirance pour l'odeur du papier neuf me laisse penser que Marie aimera se promener dans les librairies ! Une perspective qui ne va pas de soi avec son milieu familial !

Mais la socialisation des enfants a ce sens-là.

À condition bien sûr d'accepter qu'un livre ne se découvre pas qu'avec les yeux.

J'espère que l'école de Marie a découvert l'importance de cette observation.

Les expériences de la vie quotidienne

La vie quotidienne offre d'innombrables occasions d'éveiller ses sens, qui sont autant d'expériences enrichissantes pour le nourrisson : ce peut être avec la vue d'un visage, le toucher d'une caresse, la forme d'un objet mis à la bouche, mais aussi le silence et l'odeur du gratin qui sort du four !

Les bruits ambiants de la vie communautaire (cris, pleurs, portes qui claquent, musique en permanence), les odeurs d'excréments et de désinfectant, les décorations excessives, finissent par agresser et abrutir l'éducatrice et l'enfant.

Il faut prendre garde à ne pas se priver du temps précieux où le regard s'évade sur un mur nu, où l'écoute du chant des oiseaux annonce le printemps, où le silence souligne les battements du cœur et où l'inspiration de l'air indique le temps qu'il fait dehors, où un rayon du soleil vient se poser sur la main par la fenêtre entrouverte…

Quand l'enfant commence à se déplacer seul, il est intéressant de noter qu'il privilégie l'un ou l'autre sens (le toucher, l'ouïe…) et qu'à l'intérieur même du sens, il marque des préférences (carré plastifié, son cristallin…) Cela participe de la construction de la personne et de sa propre connaissance.

Les cinq sens s'entremêlent au cours de la découverte que fait le bébé. Il dévore le livre en carton en le suçant puis découvre l'image colorée puis écoute avec intérêt les mots associés à celle-ci.

Il y a fort à parier qu'il est prêt à dévorer les livres plus tard.

Une condition est nécessaire à ces différentes découvertes. Elles doivent toutes être à la portée du tout-petit sous peine sinon de le mettre constamment en situation d'échec, de le décourager, et de provoquer chez lui un profond désintéressement envers son entourage.

Une expérience à la portée de l'enfant est d'ordre matériel mais elle doit être aussi empreinte de sens pour qu'il puisse faire le lien avec sa propre vie. On lui proposera un puzzle à trois pièces et non à douze, et on évitera de lui passer une musique chinoise qui serait tout aussi déstabilisante que si on lui parlait une langue étrangère.

L'éveil sensoriel dans lequel baigne l'enfant doit pouvoir faire écho à sa vie quotidienne et faire référence à sa culture. Cela paraît indispensable afin d'éviter la dérive vers une stimulation gratuite, non motivée, donc négative.

La position du plat dos est la phase la plus longue dans l'évolution motrice libre.

Le dos, jamais vu, inaccessible,
se met en mémoire par le jeu spontané du bébé au sol,
ou aidé par le contact d'un ballon,
le mouvement de rotation sollicite les muscles dorsaux
et l'oreille interne.

Observation de Firmin

Firmin arrive à la crèche en urgence, confié par les services sociaux. Il a 1 an mais il est allongé sur le dos, ne fait aucun mouvement, fuit du regard quand on lui parle. La mère de Firmin a une débilité reconnue et le père est alcoolique. Ils lui préparent plusieurs biberons par jour qu'il prend seul couché dans son lit.

On pourrait penser que Firmin a besoin d'une rééducation motrice alors qu'il ne présente aucun handicap moteur.

Je mets en place un holding *et* handling *permanents : Firmin doit être porté constamment, nous le nourrissons dans les bras, nous lui parlons et nous sollicitons son regard sans arrêt. Firmin commence à bouger, se retourne et finit par marcher à 2 ans et demi.*

« Ver de terre » et « papillon »

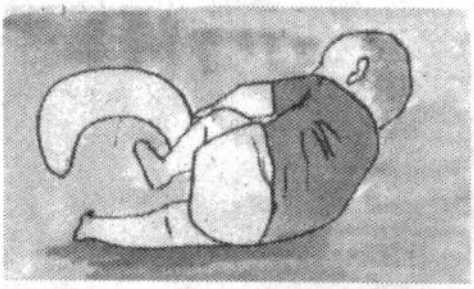

« Du dos sur le ventre,
du ventre à quatre pattes à la station debout
il me faut du temps,
je le prends...
Je n'ai besoin de personne,
seulement qu'on me parle, qu'on m'encourage. »

À ses premiers jours, le nourrisson ne sait se mouvoir autrement que de droite à gauche, effectuant une torsion de la colonne vertébrale qui lui autorise l'incorporation du côté gauche et du côté droit, et donc une bonne latéralisation : c'est le stade du ver de terre.

Après des semaines de plat dos, véritable période de désespérance car chacun craint de ne jamais voir évoluer le nourrisson, le mouvement de balancier d'un bras devient puissant et finit par être capable de retourner l'ensemble du corps.

Le nourrisson se retrouve à plat ventre, sur le devant du corps qu'il investit à la manière des insectes volants : il a plusieurs semaines de plus, son dos et ses membres sont toniques, il pèse plus lourd, il peut maintenir sa tête avec beaucoup de facilité. Mais ses poignets ne sont pas matures, il ne peut donc y prendre appui. Il « papillonne » : les mouvements sont rapides, saccadés et entraînent un déplacement du corps en rond autour du nombril.

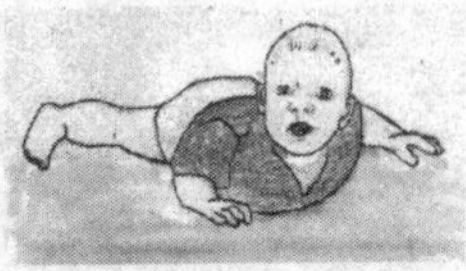

Le champ visuel de l'enfant est maintenant de 360° et l'espace exploré s'agrandit en cercle autour de lui.

Son corps fait aussi des vagues, l'entraînant d'abord en arrière jusqu'à la rencontre d'un mur ou d'un quelconque obstacle qui l'empêchera de reculer davantage. Les jambes repliées se détendent d'un coup et, prenant appui sur les pieds, le corps est propulsé en avant.

Maintenant que le champ visuel n'est plus limité en avant, de plus en plus d'objets attirent le bébé qui essaie de tirer très fort sur ses bras, prend appui sur eux, et commence à ramper.

La reptation

Tous les points d'appui sont au sol, l'enfant accède au stade du reptile. La reptation n'est efficace et ne permet d'avancer que si les mouvements des quatre membres sont coordonnés. Il y va donc, à travers la reptation, de la coordination, étape capitale dans la mise en place des structures

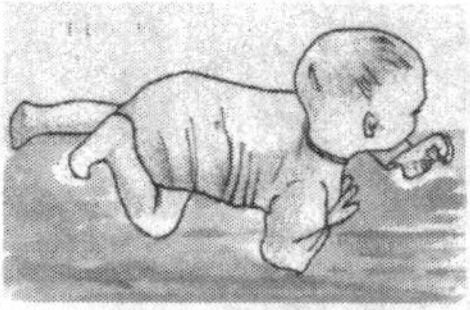

cérébrales du langage, de la lecture et de l'écriture.

Les adultes dyslexiques ont beaucoup de mal à ramper : ils sont incapables de coordonner leurs mouvements corporels.

Beaucoup d'enfants en échec scolaire ont ce genre de difficultés. Il leur est de plus en plus souvent proposé des exercices d'escalade où la coordination est indispensable.

Le nourrisson qui rampe augmente considérablement sa faculté d'autonomie : le champ de découverte est désormais illimité : il peut s'éloigner de l'adulte, revenir auprès de lui si besoin pour chercher du réconfort et de l'aide, ou il peut s'isoler. Il jette sa sucette et la reprend quand il est fatigué.

Dans un environnement débarrassé de dangers graves et immédiats, le nourrisson ne risque pas la chute puisque son centre de gravité est encore au sol, lui donnant des dizaines de points d'appui. Aucun danger ne le menace s'il aborde les marches de l'escalier. Il les appréhende à la manière de l'escargot, de tout son long. Son corps prend la forme du relief. Il monte et il redescend de la même façon.

L'ossification du poignet rend fonctionnelle son articulation. Le nourrisson prend appui dessus et soulève son buste.

À quatre pattes

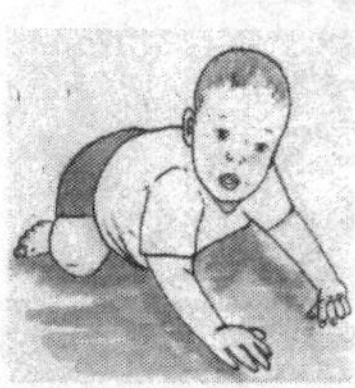

Avec quatre points d'appui au sol, l'enfant éprouve désormais la situation des mammifères.

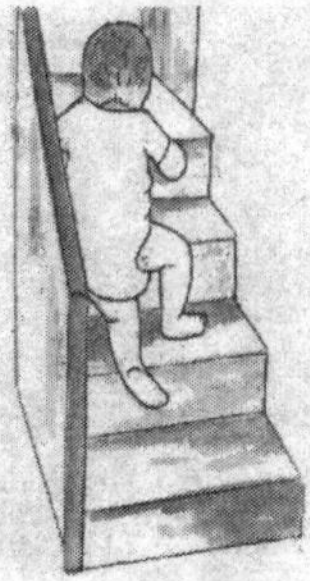

Il élève considérablement son centre de gravité au-dessus du sol, introduisant une nouvelle donnée importante : l'équilibre, enregistré par les cellules de l'oreille interne. Il reste quatre points d'appui au sol : les deux genoux et les deux poignets.

Dans cette position, l'équilibre est très stable, le déplacement se fait aisément par coordination des quatre membres.

Le mobilier à sa disposition peut être constitué d'un escalier, d'une petite pente et d'une échelle.

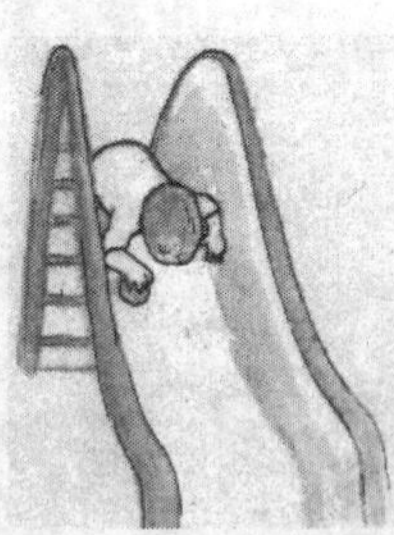

Tous les nourrissons commencent par s'intéresser à l'escalier, puis au toboggan, et enfin seulement à l'échelle. Pour grimper les marches, l'enfant utilise ses quatre points d'appui. Arrivé au sommet, il se retourne, il évalue les distances du regard, tâtonne avec ses mains puis, chose très intéressante, se remet à plat ventre, tous les points d'appui au sol. Il met la tête en avant, avance, recule…, elle est trop lourde et risque de le faire basculer ! Il tend les bras et aborde la descente à la manière de l'escargot ou il repart en arrière comme il est arrivé, et toujours à plat ventre.

Les dérapages peuvent donc entraîner une glissade ou une roulade mais non une chute !

L'approche est la même quand le moment est venu d'aborder le toboggan et l'échelle : la tête est toujours en avant car il n'expérimente que ce qu'il voit comme les mammifères. Il n'y a pas moyen en effet de faire reculer un cheval sinon sous la torture du mors !

Après ces exploits, le tout-petit se repose, prend appui sur ses fesses et ses deux poignets, puis sur un seul poignet. C'est le trépied ! Avec trois points d'appui au sol seulement, il amorce la phase de la verticalisation. À ce stade de son évolution, il n'est pas loin de se tenir uniquement sur les fesses, c'est-à-dire assis !

La position assise

L'enfant acquiert la position assise beaucoup plus tard que ce que prétendent les livres : à 8 ou 9 mois ! Il lui a fallu auparavant passer plusieurs caps. Il est vrai qu'on trouve des bébés déjà assis à 3 mois, ce qui signifie qu'ils sont passés directement du dos sur le derrière, brûlant ainsi, et c'est fort regrettable, plusieurs étapes motrices.

L'enfant qui maîtrise ses déplacements depuis plusieurs mois ainsi que la stabilité de sa tête ne risque pas de tomber, ni en avant ni en arrière. La poussée très forte des gènes du bébé d'homme l'entraîne toujours plus haut. Il s'appuie sur tout ce qu'il trouve et se lève.

Aucun bébé ne peut passer directement de la position assise à la position debout au milieu d'une pièce, sans appuis.

C'est pourtant la demande pressante qu'on a tendance à lui faire tous les jours.

Debout avec appui puis debout sans appui

L'enfant esquisse ses premiers pas en se soutenant au mur de ses deux mains. Quand il a pris assez d'assurance, il lâche une main, et se tient debout sans les mains. Il expérimente alors le stade des hominidés.

Il peut rester ainsi plusieurs semaines à passer de la position assise à la position debout sans appui, sans s'autoriser à faire le moindre mouvement. C'est tout simplement qu'il intègre la maîtrise de l'équilibre : quand il se sent stable, il est prêt pour la marche.

L'envol

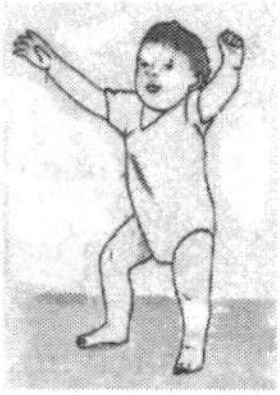

Ce nourrisson a souvent plus d'un an. En adultes soucieux du développement de l'enfant, certains chercheront les âges des acquisitions en motricité libre. Ces âges ne sont pas mentionnés volontairement. Chaque enfant est différent et a son propre temps d'évolution : de l'un à l'autre, les étapes franchies sont plus ou moins longues. Qu'importe ! L'objectif n'est-il pas d'atteindre la station debout, seul critère objectif d'évolution ?

Citons pour exemple l'histoire de Catherine, arrivée à la crèche à 3 mois. « Une grosse souffrance cérébrale à la naissance et des séquelles motrices possibles », signale sa mère.

Catherine est placée à plat dos. Au bout de quelque temps, elle se retourne puis rampe, rampe, rampe… si longtemps que c'est à croire son évolution stoppée. Faut-il la mettre debout, la stimuler ? Catherine sourit, s'intéresse à tout, ne montre aucun signe de déficience mentale. Alors la patience est de règle. Un jour enfin, elle s'est mise à quatre pattes, puis debout. Elle avait presque 2 ans quand elle a commencé à marcher et elle a pu être scolarisée normalement à 3 ans. Son temps prolongé de reptation était sans nul doute nécessaire. Catherine répétait quelque chose d'important qu'elle a pu mettre en place grâce à la patience de l'entourage.

L'équilibre acquis l'est définitivement. Il n'y a pas de régression motrice possible pour les enfants qui ont pu vivre à leur rythme tous les stades de l'évolution qui les amènent à marcher debout comme leurs aînés. Ce n'est pas le cas des enfants à qui la marche a été imposée et qui, traumatisés par une mauvaise chute, se refusent à aller de l'avant.

« *Nous avons tous grandi* », observera-t-on. « *Nous avons tous fini par marcher un jour !* » Bien sûr, l'évolution génétique est la plus forte ! Nous sommes nés et programmés bébés d'homme, nous devenons des hommes. Toute la différence entre tel individu qui sera très mal dans sa peau et tel autre qui au contraire s'y sentira parfaitement à l'aise tiendra dans le schéma corporel qu'ils auront tous deux construit durant les premières années de leur vie.

Notre corps n'est que partiellement inscrit en nous. Il est morcelé, est couvert de zones d'ombre. Le docteur Levanne [1] constate que la plupart des Français ont trois unités à la main dominante et deux seulement à l'autre. Or, la main image du cerveau peut très bien compter les cinq doigts réels ; elle peut même acquérir, par l'utilisation d'un instrument de musique par exemple, jusqu'à quinze à vingt unités ! En Europe, les cabinets de sexologie traitent en priorité de problèmes de frigidité chez la femme et d'impuissance chez l'homme : la première n'a pas de bassin dans son corps image et les parties génitales du second sont tellement surinvesties qu'il vit dans l'angoisse permanente de ne plus être un homme ! En Afrique, où le corps image est très proche du corps réel, ces problèmes sont rares.

1. *Science et avenir,* octobre 1992.

La pathologie, les problèmes psychologiques, la chirurgie nous prouvent combien le corps que nous avons en mémoire est différent de notre corps réel. Il se dessine grâce au corps vécu qui vit et emmagasine des expériences relationnelles, sensorielles et motrices, dont il est primordial qu'elles soient riches et variées.

L'enfant qui marche s'en va vers de nouveaux horizons, de nouvelles acquisitions. Une autre histoire commence. Les prochaines étapes, l'apprentissage du langage, la maîtrise des sphincters, sont tout aussi passionnantes ; elles s'installent d'autant plus facilement que le terrain a été préparé à cet effet.

Un être social

L'histoire de Victor, le « sauvage de l'Aveyron » a rendu célèbre le docteur Itard (1774-1838) et a fasciné les foules bien avant qu'en 1970, F. Truffaut ne la porte à l'écran *(L'enfant sauvage)*.

Vraisemblablement abandonné dans sa petite enfance, sans contact avec les hommes avant que des paysans ne le découvrent, cet enfant d'une dizaine d'années, dont le comportement était en tous points celui d'un animal, avait été reconnu par Pinel comme un « idiot congénital ». À l'observer, Itard formula l'hypothèse que ses déficiences sensorielles et intellectuelles n'étaient pas innées et qu'elles pouvaient avoir leur origine dans l'absence de socialisation et de parole. Il entreprit de lui enseigner le langage et de le familiariser avec les usages sociaux. Apprentissage laborieux, vain parfois, mais qui lui permit de constater que les progrès véritables étaient faits au contact de la personne qui s'occupait de lui au quotidien.

Impossible aujourd'hui de savoir ce qu'était Victor au juste et dans quelles circonstances il fut séparé des siens pour être livré à la forêt. Certainement pas à sa naissance, il n'aurait pas survécu ! La bienséance ou un quelconque handicap faisaient sans doute de lui une charge encombrante. Toujours est-il que Victor nous offre un bel exemple de ce qu'est le petit d'homme privé de ses semblables, un être à la croisée des chemins que sont l'humanité, l'animalité et la folie.

Pour s'élever au statut d'être humain, être debout, de parole et de culture, l'enfant a besoin du modèle de ses parents. sa mère bien sûr, mais aussi son père, dont c'est le rôle de le socialiser en introduisant de la distance dans la dyade mère-enfant.

Le corps image étant construit, le moment vient pour l'enfant de fabriquer son corps social. Le premier détermine le second qui n'en est jamais que la projection : c'est bien pourquoi la socialisation ne peut s'opérer que dans la distanciation.

La distanciation

Ses besoins vitaux et fondamentaux assurés, le bébé parfaitement sécurisé devient curieux, manifeste un intérêt vif pour tout ce qui l'entoure, cherche à tout expérimenter. La répétition du soin maternel l'a plongé dans un bain de sensations enveloppantes dont l'introjection va lui permettre de survivre à l'absence maternelle et de se découvrir comme un individu à part entière.

La satiété, le contact physique, le regard, la vibration de la voix… sont autant d'éléments qui vont installer des repères rassurants dans la relation du bébé avec son environnement.

De son côté, la mère, certaine d'avoir accompli sa tâche et satisfait son petit, éprouve un sentiment de plénitude qui l'encourage à le laisser un moment et prendre un peu de temps pour elle

Leur relation change de nature. Chacun peut désormais se consacrer librement à ses occupations : la mère retrouve son identité de femme, d'épouse, reprend ses activités ménagères, professionnelles, sociales ; le bébé découvre le plaisir constructif du jeu après quelques instants de désarroi. L'objet transitionnel prend là tout son sens en lui permettant de se sentir attaché à l'univers qui lui est familier.

Cette autonomie, encore relative mais nouvelle, crée un tiers temps entre les moments fusionnels de maternage et les périodes de sommeil, un temps d'individuation nécessaire au développement de l'enfant comme à l'épanouissement de la mère : elle va s'y redéfinir comme un être social tandis que lui va s'y définir.

S'éloigner

Même parfaitement sécurisé, l'enfant dont la figure d'attachement s'éloigne se retrouve privé de ses repères essentiels.

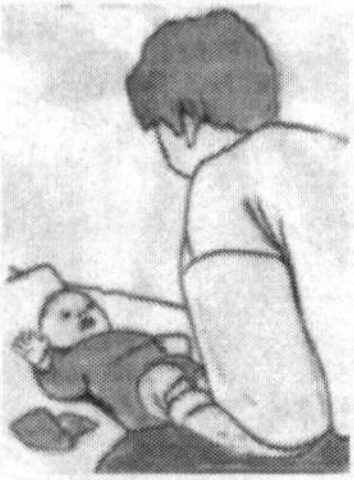

Afin que la mise à distance ne s'accompagne pas d'une trop grande appréhension, il est important de privilégier la relation de face à face et de la conserver durant tout le temps de l'éloignement : le bébé est posé dans le parc ou sur un matelas, le dos et la tête fermement maintenus. L'adulte lui explique doucement la situation et fait entrer dans son champ visuel un objet familier. Le regard du bébé s'y dirige, s'y intéresse, oublie l'adulte qui peut alors partir, le laissant tranquille, en compagnie de lui-même.

L'objet transitionnel

La plupart des enfants ont un objet fétiche qu'ils semblent chérir d'autant plus qu'il est informe et peu ragoûtant : tant pis, l'usure, l'odeur (un doudou sent très fort !) témoignent de l'usage, et l'usage est strictement intime ! Ils le prennent dès que pointe la menace de l'isolement dû à la séparation, bien sûr, mais aussi à l'approche du sommeil, à la fatigue et au chagrin. Ours borgne et décousu, peluche rafistolée, couverture rapiécée, mouchoirs ou draps en lambeaux, ils sont légion, désignés par des noms très différents *(doudou, tétète, nénette, coco, nono…)* mais ils interviennent tous avec la même fonction, celle de sécuriser l'enfant qui y transfère les mêmes perceptions que celles que lui donnait le sein : il le suce, l'humidifie, l'imprègne de son odeur, s'y frotte le visage, s'y agrippe violemment… ou le rejette. L'objet en plastique ne peut faire l'affaire puisqu'il n'est ni malléable ni gorgé d'odeurs : impossible de s'y reconnaître, d'y retrouver son identité !

Cet objet investi d'affectivité, que Winnicott a baptisé à juste titre « objet transitionnel », permet de vivre la distance

qui devient alors un espace de recréation : se séparer pour grandir et se séparer pour aller vers les autres. Il est apparu dans les sociétés industrielles avec le travail des femmes. Le sein, objet de dépendance, s'est peu à peu transformé en chose matérielle. L'attachement du bébé à l'objet sans vie est d'ailleurs encore très mal perçu dans les sociétés méditerranéennes et orientales où le bébé fixe son intérêt sur le sein de la mère.

Quoi qu'il en soit, c'est pour nous un très bon indicateur pour savoir dans quelles dispositions se trouve l'enfant, à condition que l'objet soit à sa portée et qu'il y ait accès librement. Quand l'enfant est fatigué, qu'il a un coup de cafard ou un gros chagrin, il cherche instinctivement son « doudou » et s'isole. Il est alors absolument inutile de lui proposer une quelconque activité, il a seulement besoin de réconfort. S'il jette le doudou ou s'en détourne, il est au contraire disponible pour un véritable échange.

L'aménagement de l'espace jeu

L'« espace jeu » est le lieu où l'enfant va vivre ses premières expériences seul. Il doit répondre à certains critères afin que l'enfant puisse s'enrichir et s'épanouir à l'abri de tout danger : des critères d'hygiène bien sûr pour écarter tout risque de contamination, mais aussi des critères de sécurité et des critères physiologiques, qui entrent davantage dans notre champ d'investigation. Il faut aussi que ce lieu ait un minimum d'intérêt pour le bébé, que celui-ci ait quelque chose à y voir sinon à y faire. Même parfaitement sécurisé par le soin, bien dans sa peau, surtout peut-être puisqu'il est en demande, curieux de tout découvrir, le bébé confronté au vide va s'ennuyer.

Les critères de sécurité : risques acceptables, risques inacceptables

Le petit enfant n'a aucune notion de danger et de mort, et il est vain de passer du temps à lui expliquer les risques que lui fait encourir tel ou tel geste : il ne peut tout simplement pas comprendre ! Mieux vaut supprimer autant que faire se peut toute source d'expériences dont les conséquences pourraient être désastreuses et mettre définitivement hors de sa portée les produits et les objets dangereux. Le temps est révolu où l'on pensait qu'une fois brûlé par le fer à repasser ou par le feu de la cuisinière, l'enfant ne s'en approcherait plus ! Rien à faire ! C'est bien trop intéressant ! Il suffit pour s'en convaincre d'une simple visite dans un centre pour enfants brûlés.

En tant qu'adultes conscients des dangers du quotidien, mais conscients aussi qu'un enfant est d'abord un enfant, nous n'avons pas le droit de prendre ce genre de risque.

Certains parents expliquent, d'autres interdisent. Les premiers courent le risque de ne jamais être entendus, les seconds celui d'aliéner leur enfant pour qui, ne l'oublions pas, tout est expérience, et toute expérience est source de vie.

Soit l'enfant obéira, terrorisé à la perspective de la punition qui lui sera infligée, mais au prix d'une disparition totale de sa personnalité. Il grandira en référence à l'autre et ne pourra se passer de lui sous peine de s'effondrer. Il s'agit alors de dressage plus que d'éducation car l'enfant est maintenu dans un état de surprotection qui le nie. Soit l'enfant voudra s'imposer, et au premier talon tourné, il transgressera l'interdit : celui-ci, qui était censé le protéger, peut avoir les conséquences inverses et désastreuses : vite, avaler le contenu d'une bouteille rouge, avant le retour de papa !

Mieux vaut prévenir en écartant au maximum les sources de dangers, car dans les cas d'accidents domestiques, on ne sait jamais si la guérison sera possible, et si elle l'est, quelles séquelles elle laissera.

Il n'est pas question pour autant de stériliser le lieu de vie. Le tout-petit dispose de son corps et de ses cinq sens comme outils de découverte, il est capable d'explorer le moindre recoin sans mettre sa vie en danger.

Les critères physiologiques

Chaque enfant vit à un rythme différent de celui du petit copain, variant en fonction des habitudes de vie de sa famille. Le cerveau de l'un peut être en rejet d'information pendant que l'autre est en pleine phase d'éveil.

L'aménagement du lieu de vie doit pouvoir répondre à chacun : les différents espaces sont ouverts et l'enfant est libre de circuler. L'un se dirigera vers son lit, vers le coin lecture ou dans le cube d'isolement ; l'autre vers le coin peinture, dessin… ou dehors.

Séparation et retrouvailles

La douleur de la séparation

Après la distanciation, vient tout naturellement le moment de séparation. La fonction maternelle est déléguée à un tiers, quelqu'un « d'autre », une nourrice, un oncle et une tante, des grands-parents, des amis…

« Ah ! Je pleurerai », fait dire A. de Saint-Exupéry au renard quand le Petit Prince évoque l'heure de son départ. La séparation est avant tout un temps de tristesse et il faut bien qu'il soit reconnu comme tel. Oui, le bébé pleure ! C'est normal puisqu'il vit une situation douloureuse ! Il conviendrait de s'inquiéter s'il ne pleurait pas. En vivant véritablement sa souffrance, il parviendra d'autant plus facilement à la surmonter puis à la dépasser.

Pourquoi alors ruser, se cacher, disparaître sans explications, comme certains parents ont tendance à le faire ? Pour empêcher son enfant de pleurer ? Pour se défendre du sentiment de culpabilité que donne son chagrin ? Incapable de surmonter le vide laissé par la disparition soudaine de l'être aimé, et du même coup incapable de tisser des liens avec les autres, il restera replié sur lui-même dans la seule attente du moment des retrouvailles.

Toute séparation est d'abord une séparation physique qui confronte chacun des deux partenaires à l'absence du corps de l'autre. L'enfant accoutumé à la présence de sa figure d'attachement comme à une enveloppe protectrice autour de lui y éprouve à la fois le « vide » et la réalité de l'environnement extérieur.

L'étape cruciale de la séparation doit être amenée progressivement. La manière dont le parent va prendre congé de son enfant en détermine la réussite ou l'échec. Dans quelles dispositions le laisse-t-il ? Quel tableau du monde lui a-t-il fait avant de le quitter ? Car enfin, dehors, il y a le loup, c'est indéniable. La forêt a beau être belle et accueillante, le danger rôde, Nouf-Nouf et Nif-Nif l'ont appris à leurs dépens comme le Petit chaperon rouge avant eux. Que s'imaginaient-ils, aussi, ceux-là ? Ils auraient dû savoir qu'on ne se jette pas impunément dans la gueule du loup ! Ils auraient dû prendre la mesure du danger et évaluer leurs propres limites au lieu de le braver !

Le discours, explicite et implicite, de l'adulte est essentiel. Ce qui importe n'est pas tant le danger que les moyens donnés à l'enfant de s'en protéger. Mis en confiance, « grandi » par une parole juste, assuré d'être prêt à affronter l'étranger, il éprouvera finalement la séparation avec un certain plaisir : *« Il y a le loup, mais si je le rencontre, je saurais le reconnaître et le tenir à distance ! »* À l'inverse, vulnérabilisé par un propos jetant le doute sur ses capacités à supporter l'absence de sa mère, l'enfant vivra un profond déchirement à se sentir livré aux griffes d'un environnement aux intentions obscures et forcément effrayant : *« Le loup me guette quelque part et attend le moment de me manger. »*

Marie-Rose Moro parle de « présentation du monde » à l'enfant. Encore faut-il aussi accepter de présenter l'enfant au monde, de façon à ce qu'il puisse être accueilli, reconnu, pris en charge par d'autres. La phase de séparation mobilise des tiers dont il semble indispensable qu'ils soient, eux aussi, préparés à la rencontre du petit. Les choses se feront sans difficulté si elles sont initiées par la figure d'attachement.

Séparation et service de garde

L'arrivée d'un enfant dans un service de garde n'est jamais anodine, à commencer pour les adultes qui l'entourent. Quiconque, père, mère, a tissé des liens très forts avec son enfant, éprouve une grande détresse, au moment de la séparation : la personne à qui l'enfant se trouve confié est-elle vraiment compétente ? Saura-t-elle comprendre ses pleurs ? S'intéresser à lui ?

Tout l'effort du service de garde doit donc porter sur l'accueil du parent, le mettre en confiance et tenir compte de toutes ces questions qui ne sont jamais formulées verbalement. Derrière elles se cache un profond sentiment de culpabilité, l'adulte doutant de la légitimité de son acte : peut-être devrait-il arrêter de travailler et s'occuper lui-même de son enfant ? De quel droit laisse-t-il ce soin à d'autres ?

Un bébé ne peut s'habituer à l'absence de l'être aimé ; le croire, c'est oublier qu'il n'a aucune notion du temps qui passe : une minute, une heure, une journée… La même angoisse le saisit quand il se trouve privé des repères qui lui sont familiers. Il faut donc laisser à la mère et à l'enfant le temps de se familiariser avec le service, les locaux et le personnel, à l'occasion de visites fréquentes. Le bébé bercé, protégé par les bras maternels, découvrira un autre lieu, d'autres visages, mais surtout de nouveaux bruits et de nouvelles odeurs auxquels il s'habituera. Si les soins relationnels lui sont parfois donnés dans le service par sa mère, il ne s'effraiera pas qu'un jour ce soit une éducatrice au visage connu qui le fasse.

Dans un tel mode de séparation, le bébé se retrouve seul dans un lieu qui lui est familier, dans lequel il a vécu ses premiers moments avec sa mère. Les connexions entre les nouvelles expériences sensorielles et celles dans lesquelles il a toujours baigné se font dans un climat de tranquillité et de sécurité.

La séparation d'avec l'enfant plus grand peut se faire dans le même contexte ; cependant, c'est lui qui déterminera la date de son entrée à la crèche.

Les caractéristiques de l'espace collectif

Lors de la séparation, l'enfant jusqu'alors habitué à vivre dans une relation individuelle avec sa mère, son père, ses frères et sœurs le cas échéant, confié, peut se trouver démuni devant les difficultés qui sont inhérentes à un espace collectif. Malgré tous les efforts faits en ce domaine, la crèche, la halte-garderie et l'école ne sont pas toujours prêtes à accueillir l'individu.

La tendance très actuelle est que les parents attendent de l'espace collectif qu'il socialise leur enfant. Le désir est double : que l'enfant se sente rapidement à l'aise en société, et que les parents se délestent d'une part de leurs responsabilités. Mais une socialisation précoce comporte le risque de faire perdre à l'enfant son identité individuelle et familiale.

D'une part, pour maîtriser sa peur d'être débordé par le nombre, le professionnel a tendance à mettre tout le monde « dans le même sac », au risque de provoquer chez l'enfant un sentiment de dépersonnalisation, une perte d'identité : *« On va faire ça ! »* tient lieu de *« Tu vas te laver les mains »* ; le pronom indéfini escamote le prénom qui inscrit le sujet comme un être unique et bien distinct de ses semblables.

D'autre part, et pour les mêmes raisons, il multiplie les consignes qui finissent par enfermer l'enfant dans le cadre exigu du « rien faire » et « rien dire » : c'est *« Non ! »* et c'est *« Chut ! »* qui arrivent toujours en tête du palmarès des ordres donnés en collectivité. En réaction, se dessinent un groupe d'enfants rebelles et un groupe d'enfants sages qui cherchent à survivre.

La difficulté des retrouvailles

L'heure des retrouvailles n'est paradoxalement guère plus facile à vivre que celle de la séparation, pour l'enfant comme pour l'adulte.

La réapparition de la figure d'attachement dans le champ visuel du petit provoque un véritable cataclysme intérieur en réactivant les émotions qu'il a refoulées durant son absence. Submergé, il gère ces émotions comme il peut : par une hyperactivité motrice s'il est assez grand pour marcher (il s'éloigne, se sauve en courant dans une autre pièce et recommence ce manège plusieurs fois, le temps pour lui de reprendre ses esprits) ; par une fuite quasi systématique du regard s'il est plus petit.

Les mères font de ces manifestations, violentes pour elles, des interprétations erronées : l'une y verra de la rancune, l'autre de la jalousie, une troisième déduira douloureusement que son enfant était mieux sans elle ! Elles n'ont pas conscience qu'elles éprouvent en réalité la même chose, l'impression de ne pas reconnaître tout à fait leur bébé, qu'elles vont souvent emmener à la maison avec une certaine raideur toute défensive et s'empresser de laver pour retrouver son odeur !

C'est qu'il faut prendre le temps de la reconnaissance mutuelle, du réajustement relationnel. Stern parle du « réaccordage affectif ». Il y a souvent une réelle distorsion entre l'attente et la réponse de part et d'autre. Le moment des retrouvailles est tellement idéalisé qu'il génère des déceptions, des frustrations douloureuses. Finalement, tout le monde est grognon et agit comme s'il n'était pas content de revoir l'autre. C'est le contraire en réalité, mais la joie n'a pas trouvé le canal qui lui était nécessaire pour s'exprimer, soit parce que l'un ou l'autre est resté trop distant, soit parce que son attention a été accaparée par quelque chose ou par quelqu'un. La situation est toujours délicate ; la mère fait passer les civilités d'usage d'abord et, au lieu de privilégier cet instant sacré parfois attendu depuis des heures, s'adresse exclusivement à la nourrice, la puéricultrice : *« Comment ça s'est passé ? »* L'interlocuteur, lui, croit nécessaire de passer le relais par une présence effective qui se veut rassurante quand il devrait s'effacer le plus possible.

L'acquisition du langage

Avec la station debout, l'accès à la parole tant attendu par l'entourage de l'enfant pressé de s'entendre appeler par son nom signe définitivement son appartenance à l'humanité et à un groupe social caractérisé par la langue.

L'aptitude au langage n'est pas l'apanage de l'être humain. Qu'on se rappelle la danse des abeilles ! La communication entre individus a pour fonction première d'assurer la survie des espèces. La protection du territoire, l'annonce d'un danger imminent, la recherche de nourriture ou la quête d'un partenaire sexuel sont autant de bonnes raisons d'échanger des signaux de toutes sortes : sonores, visuels, olfactifs… Et l'homme ne déroge pas à cette règle commune à tous les organismes vivants : ses mimiques, ses postures, ses gestes sont des signaux aisément décryptables par son entourage familial et culturel. Mais lui a développé des stratégies de communication infiniment plus complexes que sa vulnérabilité naturelle exigeait sans doute. Chez lui, la transmission des savoirs pérennisant l'espèce n'est pas instinctive. Elle passe par le langage articulé, la langue, orale et écrite.

La parole est l'outil de socialisation et d'humanisation par excellence. Elle permet au bébé d'homme de communiquer à distance avec ses semblables et de construire en écho à son propre corps, son corps social.

Langage et séparation : la parole re-création

L'enfant fait preuve d'une capacité langagière dès sa venue au monde. Rien d'extraordinaire à cela : nombre d'animaux ont la même. Toutefois, c'est à partir de cette capacité première et des moyens mis en œuvre par son entourage pour la développer qu'il va la transformer en une véritable aptitude à la parole.

D'après Bülher et Popper, le premier niveau de langage est la fonction expressive qui traduit les six émotions fondamentales que sont la joie, la colère, l'étonnement, la tristesse, le dégoût, la peur. À ce stade prédéterminé génétiquement, on ne peut guère parler de messages mais plutôt de signaux : le nouveau-né n'est pas le véritable sujet de « ce qui se parle à travers lui » et dont il n'a pas conscience.

Le second niveau du langage, la fonction signal, esquisse la marque d'une intentionnalité mais qui reste tout analogique : le bébé apprend les incidences que peuvent avoir les manifestations de ses diverses émotions sur sa figure d'attachement et s'en sert : il pleure, sa mère arrive ; il en retient que pour la faire venir, il faut qu'il pleure. Si elle était apparue au moment où il gazouillait, il en aurait déduit qu'il fallait gazouiller ! La fin justifie tous les moyens ! Et, ne nous cachons pas que c'est toujours la même fin *: faire en sorte que maman reste là, avec moi...* Puisque cris, pleurs ou gazouillement, dans les six premiers mois, ont la même vocation, autant que la réponse incite le bébé au gazouillement qui va insensiblement le porter vers le langage articulé.

Le développement du langage articulé trouve son origine dans la frustration physique orale qui résulte du sevrage : l'enfant compense d'abord la perte du contact du sein de sa mère par le babillage, qui n'est jamais qu'une version sonore de la succion. Ce faisant, il goûte à un plaisir nouveau, oral et auditif, dont il se rend acteur : celui de la vocalise. Rassurants, familiers, les bruits et les sons comblent le silence et la sensation de vide provoquée par l'absence. Puis l'enfant découvre qu'ils servent également à maintenir le lien avec sa mère qui s'affaire dans la pièce attenante : comble de bonheur, elle lui répond parfois en reprenant et en modulant ses intonations ! Avec « ça », cet outil magique qu'est la parole, l'autre est encore là !

Expression même du manque, la parole commence donc par faire office d'objet transitionnel. Comme le doudou, elle maintient l'enfant dans l'illusion de la symbiose tant qu'il n'a pas la possibilité d'avoir avec sa figure d'attachement des échanges véritables.

Car ensuite, la parole réduit la distance entre les deux partenaires, faisant par le jeu du dialogue des questions et des réponses, des allers et retours permanents. Un nouvel objet est créé, relationnel, cette fois : la mère répond aux babillages de son enfant en lui parlant, leur confère du sens en les interprétant, nomme les objets qu'il désigne du doigt, l'incite à recommencer (à moins qu'elle ait recours elle-même à une parole envahissante masquant souvent une incapacité à la relation). Les sons s'affinent, les syllabes s'associent, les mots se combinent pour former des phrases et entrer dans la dimension descriptive ou narrative du langage : l'enfant a près de 2 ans, il parle. Il intègre qu'il y a un « tu » et un « je », il devient son propre sujet.

La parole est re-création : elle naît de l'espace laissé par la séparation d'avec la mère dont elle accuse l'absence et finit par recréer la présence. Elle grignote le vide et le remplace par des bruits, des mots, des phrases du dedans. Celles-ci, une fois projetées, vont atteindre la mère ou d'autres destinataires qui, à leur tour, vont apporter leur propre interprétation, leur propre réponse. La parole tisse du lien social, elle ouvre l'enfant au monde. Plus elle se développe, plus les actes amicaux et les sensations de plaisir augmentent.

L'accès au langage articulé et sa maîtrise dépendent donc étroitement des conditions dans lesquelles la séparation d'avec la mère s'est effectuée et de la façon dont le monde a été présenté. S'il est sécurisé physiquement et psychologiquement, le bébé curieux veut tout explorer, la parole y compris : il devient rapidement loquace dans un environnement familial et familier. Sinon, il reste dans ses peurs et sa parole se fige ou au contraire s'hypertrophie.

Nestor ou la parole éperdue

Nestor est un enfant de 5 ans scolarisé, très jovial, qui sollicite en permanence l'adulte, et celui-ci rentre facilement dans la conversation car Nestor a toujours des choses passionnantes à raconter.

Je me laisse emporter par ses aventures jusqu'au moment où je m'aperçois que cela envahit le temps et l'espace, surtout pendant le repas, où je ne peux même plus goûter aux bons plats de Catherine.

Je propose à Nestor un échange verbal sur ce que nous sommes en train de manger et ses impressions. Mais Nestor n'en tient pas compte et reprend le fil de ses contes extraordinaires. Alors je lui réclame un peu de silence pour pouvoir manger tranquille. Il se tait, me sourit, m'observe, commence à gigoter sur sa chaise. Je comprends que c'est un effort difficile pour lui et je lui propose d'écouter le silence et les bruits environnants tout simplement. Se produit une véritable crise de panique chez Nestor, qui se paralyse, ne peut plus parler, et le souffle court, agrippe ses mains à mes bras et ses pieds à mes jambes. Tout devient clair. La logorrhée, l'imagination débordante participent du scénario mis en place par ce petit garçon pour vaincre ses angoisses terrifiantes lors de la séparation trop précoce d'avec sa mère. Je lui ai permis de reprendre sa conversation. Sans s'en rendre compte, Nestor descend de mes genoux et reprend son attitude souriante et apparemment adaptée et aisée.

Langage du corps et corps du langage

C'est dans une enveloppe corporelle structurée, à travers des expériences sensorielles et motrices riches et vécues dans une relation de confiance et de plaisir, que les mots se façonnent, naissent, s'échappent, se lient, et que les phrases s'élaborent et s'échangent.

Les premières manifestations du langage parlé apparaissent lors du passage du stade sensori-moteur au stade de l'intelligence symbolique, vers l'âge de 18 mois. L'intelligence symbolique spécifiquement humaine se définit comme la capacité à représenter un élément de la réalité au moyen d'un représentant, un geste, une mimique, un mot.

L'enfant n'accède pas au langage verbal s'il n'a pas accès au symbole, et cette étape indispensable de son développement commence aux premiers mois de sa vie, dès qu'il parvient à « faire agir son corps ». Le processus d'acquisition de la langue n'est pas réflexif. Il participe en effet du développement général de l'individu, il s'enracine dans son vécu intime, s'acquiert au contact des adultes tutélaires de façon inconsciente : le langage a sa source dans l'histoire de l'individu et dans son corps :

– dans son histoire, parce que l'individu baigne dès sa naissance dans un contexte linguistique bien défini qui va organiser peu à peu sa pensée selon les principes d'une langue qui lui sera maternelle ;

– dans son corps, parce que c'est d'abord à travers lui, dès la vie intra-utérine grâce aux vibrations qui touchent son oreille interne, qu'il va le découvrir, et plus tard l'essayer, jouer avec jusqu'à l'utiliser à des fins d'échange avec ses semblables.

La succion du pouce, nous l'avons dit, favorise le langage en aidant l'enfant à prononcer ses premières labiales : des *mm* et des *pp* qui préfigurent les mots désignant la mère et le père dans un très grand nombre de langues… C'est aussi par la zone périorale qu'il découvre ses alentours, d'abord de proximité immédiate, ses mains et ses pieds et les objets environnants : il les met à la bouche, en incorpore la forme, la texture, le goût…, les identifie en les pointant de l'index puis les symbolise en les nommant.

Autre exemple significatif de la dimension intime et physique du langage, le « non » des 15-18 mois. Il caractérise la période où l'enfant acquiert la maîtrise de ses sphincters, la conscience de son image dans le miroir (il découvre les limites de son corps qui ne sont pas celles de l'autre). Plus généralement, il intègre la notion de contrainte. Dire « non », c'est reconnaître aussi bien l'existence du collectif que sa propre existence au sein du collectif. Par la répétition et l'intériorisation du « non », l'enfant bascule dans le monde des règles qui régissent la vie sociale. Il apprend que la langue est un système organisé par des règles grammaticales, en même temps que la société est un système organisé par des lois qui imposent un certain nombre de conduites : il y a désormais, pour lui aussi, ce qu'on a le droit de faire et ce qu'on n'a pas le droit de faire.

Langage, objet structuré et structurant

Le langage apparaît là comme un objet structuré et structurant. À travers lui, l'adulte pose un cadre où la pensée individuelle de l'enfant va pouvoir germer, se développer, s'enrichir. L'objet social qu'est le langage contribue donc à l'individuation nécessaire à la construction de la personne en lui donnant des outils pour s'affirmer comme un individu humain à part entière. Le bébé est soumis à des pulsions primaires que l'adulte reconnaît, formule à sa place, en leur donnant du sens et en les mettant à distance. Ce sont les interdits fondamentaux et fondateurs de l'humanité que l'on retrouve dans toutes les religions et les contes populaires, mais qui sont aussi véhiculés dans la vie quotidienne comme principes d'éducation : on ne frappe pas l'autre, on ne le mord pas, on ne vole pas. L'adulte aide l'enfant à dépasser ses actes en verbalisant ce qui les motive : *« Je vois que tu es en colère, tu peux taper sur le ballon mais non sur ton voisin, tu as le droit de mordre une pomme pour la manger mais "pas de la chair humaine" »* (F. Dolto).

C'est le passage à l'acte qui est interdit et non la pulsion à proprement parler. Nier la pulsion, ce serait laisser croire à l'enfant qu'il est un monstre, et entretenir ainsi ses peurs, ses démons intérieurs.

Cela nous ramène à la définition du cadre de Bleger qui insiste sur la nécessité d'un cadre qui soit un « système d'invariants et de constantes [...] ni ambigu, ni fluctuant, ni altéré », et donc sur l'importance d'avoir des repères fixes que donnent la routine, la politesse, les règles du jeu social : *« Je dis bonjour en arrivant à la crèche quelle que soit mon humeur, je ne casse pas les jouets même si je suis en colère.* »

L'absence de cadre « fait resurgir le monde fantôme et provoque une angoisse catastrophique, agressive ou persécutoire » : c'est là tout le problème de l'enfant-roi qui ne connaît aucune limite physique et symbolique et dont aucune parole ne vient contenir les pulsions primitives (d'inceste, de cannibalisme et de meurtre) décrites par Freud.

Soulagé de ses pulsions prises en charge par un cadre contenant, le très jeune enfant peut se projeter librement dans son environnement social.

L'autre enjeu du « je »

L'adulte et les règles du « je »

Le rôle de l'éducateur, parent ou professionnel, est avant tout d'offrir à l'enfant le cadre qui lui servira de tuteur et favorisera son accès à l'autonomie. Pour grandir, l'enfant a besoin de rencontrer un adulte vrai, capable de prendre en compte ses besoins sans pour cela se sentir obligé de redevenir un enfant, ce qui l'insécuriserait trop, ou d'exercer une autorité abusive, ce qui aggraverait son état de dépendance. C'est ce que S. Lebovici a appelé l'empathie.

La rencontre avec un adulte empathique permet à l'enfant qui, dans son milieu familial, ne bénéficie pas d'un cadre suffisant, de trouver des outils nécessaires à la consolidation de son corps image morcelé ou incomplet, que B. Cyrulnik nomme des tuteurs de résilience.

Je solitaire – aire de jeu – jeux d'enfants

L'enfant est spontanément attiré par ses pairs. Cependant, cette attirance est due non pas à une envie de partage mais à une curiosité envers un espace que la présence de l'autre anime et théâtralise.

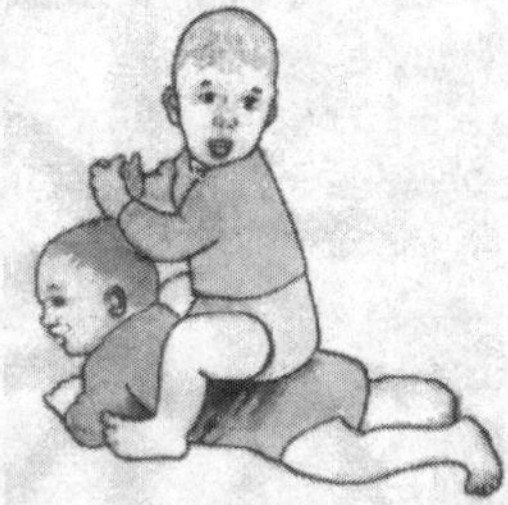

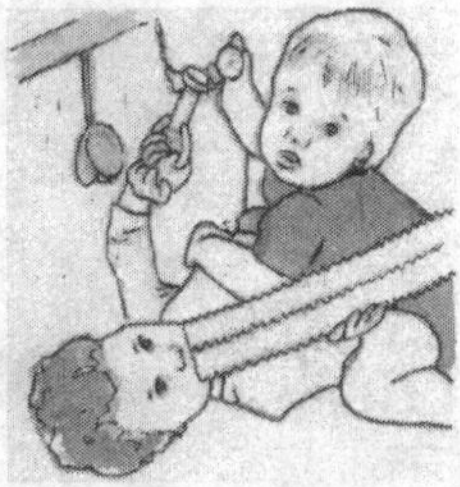

Arnaud a trouvé un tuyau en plastique vert dans la pièce, il le ramasse, le retourne dans tous les sens puis prend la voiture qui se trouve à côté et la met dedans. Celle-ci rentre par un bout et ressort de l'autre.

Louise a aperçu la scène et se précipite vers Arnaud pour lui arracher le tube ; il tient bon, se défend, tend son bras pour atteindre le visage de Louise qui, à son tour, est prête à griffer.

L'adulte intervient, stoppe le conflit physique en disant : « Non, je ne vous autorise pas à vous battre. Ce tuyau est un objet merveilleux dans les mains d'Arnaud qui l'a animé (en lui donnant une âme) ; il est normal que Louise en ait très envie, alors tu lui passes et nous allons voir ce qu'elle en fait, puis tu pourras à ton tour le reprendre et le réanimer. » Arnaud laisse le tuyau car il vient d'apercevoir un objet encore plus merveilleux dans les mains d'Arthur.

Ainsi se font les premiers échanges : uniquement par l'intérêt que suscite un objet animé par un pair et non parce que l'enfant est jaloux de son copain qui ne veut pas prêter. Nous sommes souvent dans cette fausse interprétation.

Par le jeu symbolique, l'enfant projette ce qu'il a copié des faits et gestes de l'adulte, au détail près. Il n'invente rien, il reproduit. Jacques Cosnier parle d'« échoïsation secondaire ». L'observation de ce jeu, bien connu des pédopsychiatres, révèle de manière significative les expériences diverses que le très jeune enfant vit dans son univers familier. L'enfant joue tranquillement, indifférent à ce qui l'entoure, et accompagne ses gestes d'un commentaire, une sorte de voix off qui n'a d'autre but que de structurer sa pensée et son psychisme : soliloque étrange souvent à la troisième personne, riche en modulations de toutes sortes : *« Ça alors, la voiture est en panne ! » ; « mais elle est toute sale cette poupée, il faut la laver tout'suite ! Ah ! là là ! »* La finalité du jeu est la construction du « je ». L'enfant est en train d'intérioriser sa langue, et à travers elle le monde qui l'entoure, mais en même temps, il projette.

Le soliloque caractérise longtemps le jeu de l'enfant même en présence d'autres enfants. S'ils donnent l'impression de jouer ensemble, ce n'est qu'illusoire. Ils jouent côte à côte, chacun se projetant individuellement dans une mise en scène dont ils s'inspirent mutuellement. L'échange se limite à une juxtaposition de propos qui se nourrissent les uns les autres :

« Ma maman, elle est dans ma maison !

– Ma maison à moi, elle est là-bas.

– Dans ma maison, il y a un chat. »

Ces deux monologues évoluent vers le dialogue véritable quand l'enfant découvre que l'écho de l'autre lui manque pour enrichir son monde imaginaire. C'est alors que la présence de ses pairs lui devient indispensable à des fins d'échange. La relation s'installe.

C'est d'abord un jeu d'échoïsation primaire et secondaire, ils s'imitent l'un l'autre en y apportant leur propre projection.

Dans l'écriture, le bébé imite l'adulte ; il y a bien projection du corps image. Les deux hémisphères cérébraux droite et gauche ne sont pas encore différenciés, ce qui l'oblige à utiliser ses deux mains ensemble.

Trois balluchons pour trois petits cochons

Un pas… deux pas… et puis s'en va….

Oh non, je suis déjà trop loin, je reviens vite vers elle.

Un pas, deux pas, trois… *Oh, un caillou ! Je le prends vite et l'apporte à maman !*

Un pas, deux pas, puis trois, puis quatre, puis….*Qu'est-ce que c'est là-bas ? Je vais voir, je la retrouverai tout à l'heure ».*

Un jour, deux jours, trois jours… et que de choses à découvrir plus loin et encore plus loin.

Bon, je lui écrirai et lui téléphonerai.

Une semaine, deux… *Je me sens un peu seul, je vais m'inscrire au club… Tiens, cette personne attire mon attention, sa voix, ses mains….Je lui parle, je l'écoute, nous nous accordons.*

Un mois, deux mois… *J'ai besoin de l'entendre, de la voir, de ne plus la quitter. Maman ! Je reviens demain mais en compagnie, il faut que je te présente quelqu'un !*

L'enfant quitte ses repères familiers qui lui assurent, dans sa quête de l'autre, une certaine aisance, aisance qui ne signifie pas qu'il n'a pas dans son bagage une réserve envers l'étranger. Il va chercher à s'en créer de nouveaux sur le même modèle.

Les données du passé s'apparentent à un filtre tissé des premières relations, des premières expériences sensorielles et motrices, et de la présentation du monde. Quand le bébé d'homme s'apprête à partir pour l'aventure du dehors, son regard et ses pas sont remplis des messages du dedans.

La tête relevée, le regard curieux, qui scrute et s'étonne des nouveautés rencontrées, le dos bien droit, le pas décidé, souple, harmonieux, sont les signes d'une stabilité intérieure. Naf-Naf croit en lui, en ses capacités et aux gens qu'il choisit d'intégrer dans sa sphère relationnelle, sociale ou privée, selon le mode de la réciprocité : ce qu'il attend de la relation, c'est de pouvoir recevoir et donner.

Au gré des rencontres, le filtre se transforme, il s'enrichit assez pour donner à l'individu la possibilité d'agir en retour sur les données héritées du passé, brisant « la prédiction ». Il devient responsable, acteur de sa propre existence.

Toute personne est amenée un jour ou l'autre à briser la prédiction, étape indispensable à son développement qui a lieu généralement à l'adolescence. À l'heure actuelle, cette étape est souvent violente parce que l'enfant, puis l'adolescent, surinvesti de l'idéal parental a besoin d'une énergie accrue pour faire exploser la boule de cristal dans laquelle il est enfermé.

Le filtre peut être mal tissé : mailles trop lâches, si lâches qu'elles sont perdues ou mailles trop serrées. Notre Nouf-Nouf et notre Nif-Nif l'un comme l'autre en sont des victimes caricaturales.

Le premier, qui ne vit que dans le regard et sous le contrôle de sa mère, fait le dos rond dès qu'il s'en éloigne, a le pas court et hésitant : il se laisse envahir par les difficultés et se dépêche de construire une maison en dépit du bon sens, avec de la paille, pourvu qu'elle soit belle et qu'elle brille.

Le second, se croyant fort, fait le malin : le nez en l'air et les mains dans les poches, il fanfaronne en sifflotant ; il sort une arbalète pour tuer une araignée et construit une maison qu'il croit solide et qui s'envole à la première tempête.

Nouf-Nouf ou l'insupportable légèreté d'un balluchon

Par une responsabilité ressentie comme angoissante, par la simple peur de mal faire, la mère (ou la figure d'attachement) peut ne jamais lâcher son enfant du regard, tout faire pour lui et investir son rôle protecteur de façon excessive : non seulement elle n'accompagne pas ses expériences mais elle les empêche. Il n'y a aucun transfert de compétences, aucune possibilité pour lui de se structurer. Sa charpente est sa mère, hors d'elle, du périmètre de son giron, il est perdu : il n'a du corps image que l'image !

Quelles solutions pour lui ? S'il retient le regard aimant de la mère, il privilégie son image et développe éventuellement un corps social axé sur l'apparence ou l'esthétique. S'il retient le discours implicite de son incompétence *(« Sans moi tu es en danger, tu n'es capable de rien, tu n'es rien »)*, dévalorisé, il perd toute confiance en lui et a beaucoup de difficultés à se faire une place dans la société.

Il est intéressant de constater que les enfants privés de figure d'attachement privilégiée, que l'on rencontre de plus en plus souvent et que l'on considère à tort hypersocialisés *(« Il a l'habitude, il va avec tout le monde »)* parce que qu'ils se jettent au cou de n'importe quel adulte, fonctionnent de la même manière : non structurés dans leur corps, ils sont incapables de proférer le « non » nécessaire à l'affirmation de soi. Ce sont des proies faciles, notamment pour les pervers.

L'absence de filtre rend ces personnes fragiles. Leurs rencontres ont lieu sur un mode naïf : le monde est beau, le monde est gentil. Nos sociétés sont à l'affût de ce genre de proies manipulables à souhait.

Il ne suffit donc pas de donner naissance à un enfant pour le mettre au monde.

Jusque dans les années 1970, nos sociétés fonctionnaient beaucoup sur ce modèle. La femme n'étant reconnue que dans son rôle de mère, elle s'y consacrait entièrement et était omniprésente.

Mai 68

La crise de Mai 68 a révélé le malaise profond d'une société asphyxiée par des valeurs morales, sociales et politiques, trop rigoureuses et devenues obsolètes pour les enfants du baby-boom ayant vécu dans l'opulence et la facilité. Choyés, gâtés, surprotégés, les étudiants en surnombre sur les bancs des universités ont voulu, dans un sursaut salutaire, briser un système patriarcal normatif étendu à tous les domaines : État, patronat, religion, famille, éducation, sexualité…

C'est bien une remise en cause de la loi, du cadre trop rigide imposé par l'adulte, que prônent des slogans comme : « Il est interdit d'interdire. » Les barricades contre la police, les manifestations, les déprédations, les affrontements sont le fait d'une génération adolescente qui cherche en force à transgresser la loi et y parvient au point d'ébranler les fondements sociaux et de les renverser.

Après 68, il est de bon ton de refuser le cadre, de tenir la loi à distance, de ne pas grandir. Les enfants d'aujourd'hui sont élevés par des parents se réclamant de l'adolescence éternelle qui remettent en cause la loi qui caractérise l'adulte. Moins encore que leurs aînés, ils n'ont de cadre pour les tutorer, ce qui fait dire à Julien Cohen-Solal que ce sont des enfants « non élevés », en grande souffrance parce que livrés au monde dès leur plus jeune âge, quand ils ne sont pas parentifiés, obligés de protéger leurs parents pour ne pas se laisser déborder par l'angoisse.

Enfin, il n'est pas innocent que Mai 68 nous ait fait entrer dans l'ère du féminisme et de la libération sexuelle. Les femmes se sont glissées dans la brèche pour s'opposer au système social austère qui les soumettait aux lois patriarcales. Ce faisant, elles ont privilégié leur statut de femme plutôt que celui de mère.

Extraits du tract « sexualité, couple, famille » distribué sur les barricades de Mai 68 par le comité « Nous sommes en marche » composé de dix-neuf thèses

Thèse 15 : L'enfant est en droit d'exiger de ne pas être le ciment-victime d'un couple disloqué. Il a sa place en tant qu'individu accédant à l'autonomie dans la société.

Thèse 16 : Il n'y aura plus de « problèmes familiaux » si l'enfant est économiquement à la charge de la société dès sa naissance.

Thèse 17 : L'enfant accédera à l'autonomie par l'éducation permanente, comprenant l'éducation sexuelle qui sera prise à la charge de la société.

Thèse 18 : Les relations privilégiées que pourra avoir l'enfant avec ses parents ne seront ni exclusives ni aliénantes, ces relations n'étant pas de dépendance.

Thèse 19 : La famille institutionnelle balayée, chacun choisira librement ses relations privilégiées s'il le désire.

On a donc, par réaction, et par manque de connaissances, commis l'erreur inverse et pratiqué une politique sexuelle et éducative confondant liberté et laxisme.

Nif-Nif ou le grand encombrement du balluchon

Le « tout laisser faire » postule que ce que l'adulte peut faire, l'enfant peut le faire aussi, que ce que l'adulte comprend, l'enfant le comprend aussi : l'enfant serait un adulte en miniature.

« Ne surprotégeons plus nos enfants, ils sont parfaitement capables. Qu'ils se débrouillent ! »

Dans cette logique qui place l'enfant et l'adulte à égalité, la demande pourtant bien légitime du premier ne se justifie plus dans l'esprit du second. Si l'enfant est demandeur, c'est pour embêter ses parents, pour profiter d'eux, et il n'est pas question de s'attendrir ! *« Je ne veux pas te porter, je ne suis pas ta mule »* ou *« Pleure, je ne céderai pas au chantage, tu finiras bien par t'endormir. »*

Dire à un enfant : *« Tu es capable, fais-le ! »* ne suffit pas. De même, le mettre devant des choix : *« C'est comme tu veux : tu vas chez ton père ou tu vas chez ta mère ! »* Encore faut-il guider et accompagner ses expériences afin qu'il développe de véritables compétences conciliant prises de risques et sécurité.

Au fond, ce discours ne masque-t-il pas le désir, inavouable pour les parents, de se débarrasser d'un certain nombre de responsabilités ? Gare aux enfants qui ont mûri artificiellement, qui n'ont rien tissé à l'intérieur d'eux-mêmes, aucun canevas à proposer au développement de leur personnalité !

Les temps et les mœurs ont changé : les mères ont une vie sociale importante, et pour ne plus être esclaves de leurs enfants, les responsabilisent très tôt, parfois de manière outrancière : « *Tu as 6 ans, tu es grand, je te confie la clef de la maison. Quand tu rentreras de l'école, fais ton goûter et tes devoir. Et attention au gaz, il peut exploser. Surtout n'ouvre la porte à personne !* » ou : « *Nous sortons ce soir, maintenant tu es grand, si tu as besoin, tous les numéros de téléphone sont là.* » De telles recommandations ne peuvent que déclencher de véritables scénarios catastrophes dans la tête des enfants ! Ils ne sont pas courageux ! Pourquoi le seraient-ils ? Au contraire, ils ont très peur ! C'est même la peur qui charpente leur corps image. Autorisés à tout faire, ils se croient matures mais ne perçoivent le monde qu'à travers ses dangers. Dévorés par l'angoisse, ils ne quittent pas le nid familial alors qu'on est allé jusqu'à leur offrir un magnifique appartement.

Le film mordant d'Étienne Chatiliez, *Tanguy* (2001) repose sur un constat sociologique : alors que, pendant longtemps, les enfants n'avaient qu'un objectif, atteindre 20 ans pour voler de leurs propres ailes loin du cocon familial, aujourd'hui apparaît une tendance inverse. À 28 ans, Tanguy, bardé de diplômes, s'incruste sur le canapé entre un papa et une maman qui désespèrent de le voir partir un jour. Lorsqu'ils parviennent enfin à se débarrasser de lui, ce n'est pas pour longtemps, il revient au galop, ravagé par des crises d'angoisse, il souffre d'hyperattachement anxieux.

Cette comédie reflète la réalité d'une jeunesse qui a de grandes difficultés à accéder à l'autonomie.

La plupart de nos enfants sont seuls, ont de moins en moins de frères et de sœurs. Leurs parents travaillent, ils n'ont guère de temps à leur consacrer et ne peuvent leur transmettre leurs convictions, leurs croyances, car eux-mêmes ont tout remis en question. Ils n'ont donc rien à quoi se raccrocher et rien contre quoi lutter. Que c'est bon, dans ces conditions, de vivre en bande ! Le groupe rassurant fait office de corps social, on s'y sent protégé et plus fort, on y adhère tête baissée : on crache en l'air ou sur les autres, on brûle des voitures…

On voit bien qu'entre un discours parental et ce qui est transmis à l'enfant, se dresse une montagne parfois impossible à franchir et souvent difficile à escalader.

Conclusion

... Observe les hirondelles !

Elles couvent leurs œufs, alors soigne ta grossesse, dorlote-moi. J'existe déjà !

Elles débarrassent le nid des coquilles pour faire place aux oisillons, alors fais-moi une place dans ta maison.

Elles les réchauffent sous leurs ailes et leur donnent la becquée, alors serre-moi très fort contre toi et donne-moi la tétée.

Elles leur apprennent à voler, alors apprends-moi à vivre seul !

Elles partent quand plus rien ne distingue leurs oisillons des autres oiseaux. Laisse-moi donc aller. Je suis devenu un homme.

L'être humain a ceci de singulier qu'il oublie les leçons élémentaires qu'enseigne la nature, et il n'est pas superflu qu'il se les rappelle de temps à autre. L'observation du comportement des oiseaux nous invite à réfléchir à ce que doit être le rôle de l'adulte envers son enfant.

L'hirondelle consacre temps et énergie à la couvaison, à la becquée, à l'apprentissage du vol ; l'homme se doit de l'imiter et prendre soin de son bébé, depuis le temps de la gestation jusqu'à celui de l'acquisition de l'autonomie, en passant par le temps des soins.

L'unique but de l'oiseau est de faire en sorte que son petit puisse voler seul et libre au sein du groupe. Celui de l'homme est de donner à son enfant toutes les chances de devenir lui-même dans le cadre familial et social qui l'entoure, ce qui ne va pas de soi : parvenir à la maturité requise pour élever un enfant est certainement plus facile chez une hirondelle, guidée par son instinct, que chez l'homme qui, pour être parent, n'est pas forcément adulte.

La comparaison s'arrête là. L'homme n'est pas plus une hirondelle qu'un petit cochon, à moins qu'il ne soit pour lui-même « un grand méchant loup » s'il ne prend garde à respecter certaines règles primordiales. Il grandit selon un processus infiniment plus complexe qui garantit son extraordinaire richesse mais qui, du même coup, invite à une extrême vigilance.

Cette toute petite personne qu'est le bébé a besoin de soins, de regards, de temps, qui le hisseront à son tour au rang des grandes personnes. L'aimer, c'est d'abord le considérer dans le dénuement qui le caractérise, lui donner les moyens de construire sa charpente à partir de ce que sa naissance lui donne, son corps et ses sens, et non le porter aux nues du fantasme et du label auxquels s'accroche ce début de millénaire.

Le formidable potentiel du nourrisson risque fort en effet de rester virtuel si l'éducateur oublie sa réalité première d'être sensible, dont la perception du monde est toute entière sensorielle et animale.

Sans faire aucun déterminisme, d'un regard au contenu de son balluchon, il est possible de se représenter les difficultés que l'enfant rencontrera dans sa vie d'adulte. Qu'emporte-t-il avec lui au juste ? De quoi faire une hutte de paille, une cabane de bois ou une maison de briques ?

Il semble bien que Naf-Naf ait fait des provisions ! Belle réserve de nourritures affectives et relationnelles dans son balluchon ! Rien que de très sain et de très simple, qui ne le gave pas, ne le laisse pas sur sa faim mais lui donne la force tranquille de vivre ses choix en respectant ceux des autres, et de mettre la main au ciment de l'édifice social et humain.

Au-delà du souci du bien-être individuel, il y va bien sûr de celui de toute une société : l'adulte est le père de l'enfant qu'il élève mais l'enfant porte, lui, la paternité de la société de demain. L'histoire et le devenir de l'humanité se jouent ainsi dans la qualité de la relation qui s'établit entre les deux. Le premier saura-t-il faire en sorte que le second, à l'instar de l'hirondelle, puisse voler de ses propres ailes ? Oui, s'il a lui-même reçu les soins nécessaires à son autonomie et à la construction de sa place sociale.

De l'échelle individuelle à l'échelle sociale, tout s'enchaîne de façon très cohérente. Toute société se définissant comme une somme d'individus, le malaise individuel ajouté à d'autres, amplifié même par les autres, a tôt fait d'en compromettre l'équilibre. Est-elle malade ? Violente ? Et s'il fallait jeter un œil dans son balluchon pour comprendre l'origine de ses problèmes et y remédier ? S'il fallait s'interroger sur la manière dont elle élève ses enfants ?

Une société saine œuvre au présent en réfléchissant aux moyens d'assurer sa pérennité et de venir si besoin en aide aux plus faibles, de faire face aux dangers qui la menacent, de mettre en échec son propre grand méchant loup.

L'actuel développement des techniques du corps et de l'esprit laisse espérer que nos sociétés ont perçu la nécessité d'acquérir un équilibre physique et mental, garant du bien-être et de l'autonomie de chacun, et qu'elles en ont amorcé la quête. Qu'elles laissent à l'enfant sa place d'enfant. L'heure venue, il saura, lui, l'architecte du corps, dessiner les plans d'un projet où l'humanité se reconnaîtra.

Bibliographie

Livres

ANATRELLA, T. *La différence interdite*, Flammarion.

ANZIEU, D. *Le penser. Du moi-peau au moi-pensant*, Dunod.

ANZIEU, D. *Le moi-peau,* Dunod.

BECCHI, E. *Histoire de l'enfance en occident*, Le Seuil.

BEN SOUSSAN, P. *Lettres aux mères de mes enfants*, La Martinière.

BERGE, A. *L'enfant et la psychanalyse.*

BICK, E. « L'expérience de la peau dans les relations d'objets préoces », dans D. Meltzer *et al.*, *Explorations dans le monde de l'autisme*, Payot.

BION, W.R. *Aux sources de l'expérience*, PUF.

BOUTON, J. *Réapprendre à dormir*, ESF.

BOWLBY, J. *Attachement et perte*, PUF.

CLOUTIER, R. ; DIONNE, L. *L'agressivité chez l'enfant,* Le Centurion.

COHEN-SOLAL, J. *Les deux premières années de la vie*, Laffont.

COHEN-SOLAL, J. ; GOLSE, B. *Au début de la vie psychique*, Odile Jacob.

COSNIER, J. *Le retour de psyché*, Desclée de Brouwer.

CYRULNIK, B. *Un merveilleux malheur*, Odile Jacob.
CYRULNIK, B. *Les nourritures affectives*, Odile Jacob.
CYRULNIK, B. *Les vilains petits canards*, Odile Jacob.
CYRULNIK, B. *Le murmure des fantômes*, Odile Jacob.
DAGOGNET, F. *La Peau découverte*, Les empêcheurs de penser en rond.
DAVID, M. *L'enfant de 2 à 6 ans*, Privat.
DELION, P. *Le bébé et ses institutions*, érès, coll. Mille et un bébés.
DOLTO, F. *La cause des enfants*.
Les dossiers de la maternelle, « Les 2-3 ans à l'école ? », éditions SCEREN.
ECCLES, J. *Évolution du cerveau et création de la conscience*, Flammarion.
FUSTIER, P. *Les corridors du quotidien*, PU Lyon.
GOLSE, B. *Du corps à la pensée*, PUF.
HERBINET, E. *L'aube des sens*, Stock.
KARLI, P. *L'homme agressif*, Odile Jacob.
LAMOUR, M. ; BARACCO, M. *Souffrance autour du berceau*, G. Morin.
LE BOULCH, J. *Le corps à l'école au XXIe siècle*, PUF.
LAINE, K. *Peter Pan ou l'enfant triste*, Calmann Lévy.
LEBOYER, F. *Shantala*, Le Seuil.
MARTIN, J. *Le B.B. en garderie*, P.U du Québec.
MELLIER, D. *L'inconscient à la crèche*, érès.
MELLIER, D. *Vie émotionnelle et souffrance du bébé*, Dunod
METRA, M. *La première rentrée*, EAP.
MONTAGU, A. *La peau et la toucher*, Le Seuil.
MORO, M.R. *Enfants d'ici venus d'ailleurs*, La Découverte.
MUSSON, S. *Les services de garde en milieu scolaire*, Presses de l'université de Laval.
NAOURI, A. *Parier sur l'enfant*, Le Seuil.

PINKER, S. *L'instinct du langage*, Odile Jacob.
SOULE, M. *Les soignants à risques*, ESF.
SPITZ, R.A. *De la naissance à la parole*, PUF.
STORK, H. (sous la direction de) *Les rituels du coucher de l'enfant*, ESF.
SZEJER, M. ; STEWART, R. *Ces neuf mois-là*, Robert Laffont.
YOUNGS, B. *Le stress chez l'enfant*, La Presse.
WINNICOTT, D.W. *Le bébé et sa mère*, Payot.

Revues

Le nouvel observateur, « Le bébé, cet inconnu », hors série n° 37, 1999.
Dialogue, « Séparations et retrouvailles », n° 112.
« Bébés et jeunes enfants entre eux », n° 120.
« Penser le bébé », n° 128.
Recherche, « Sommes-nous pilotés par nos gènes ? », n° 311, 1998.
Sciences et vie, « Les premières années de la vie », n° 145, 1983.

Vidéos

NAOURI, Aldo. *Questions d'enfants*, « Parler », « Le jeu ».
LOGNON, Marcel. *Il est une fois le bébé d'homme*, Anna Pinelli.

Table des matières

PRÉFACE, « Corps et arts », par Benoît Izard 7

INTRODUCTION 11

UN ÊTRE DE RELATION 19
Être au vivant 20
Les besoins fondamentaux ou la survie physique de l'espèce 20
Respirer 21
Téter 22
Boire et manger 24
Éliminer 25
Dormir 25
Apprendre 27
Être en relation 28
Plume et plomb : le poids de l'enfant imaginaire 29
À corps et à cri : la naissance 33
La pesée de l'enfant réel 35
Les fées sur le berceau : re-co-naissance et re-connaissance 38
Regards et miroirs : la fascination de Narcisse 39
Le ventre du kangourou : holding *et* handling 43
Être avec… 49
… au cours du repas 50
… au moment du change 53
… au moment de l'endormissement 54
Investir le soin d'une relation 56

UN ÊTRE D'EXPÉRIMENTATION 59
Les expériences sensori-motrices.................... 60
La précipitation des adultes comme entrave à l'éveil sensori-moteur.................... 60
Le « plat ventre ».................... 62
Assis 63
Dans un transat ou dans un siège.................... 65
Motricité libre et phylogenèse 67
Le plat dos 67
Les expériences tactiles 69
Les expériences olfactives 70
Les expériences auditives 70
Les expériences visuelles 71
Les expériences gustatives 71
Les expériences de la vie quotidienne 72
« Ver de terre » et « papillon » 75
La reptation 76
À quatre pattes 77
La position assise.................... 79
Debout avec appui puis debout sans appui 80
L'envol 81

UN ÊTRE SOCIAL.................... 85
La distanciation 86
S'éloigner 87
L'objet transitionnel.................... 88
L'aménagement de l'espace jeu 89
Les critères de sécurité : risques acceptables et risques inaceptables 90
Les critères physiologiques.................... 91
Séparation et retrouvailles 92
La douleur de la séparation.................... 92
Séparation et service de garde.................... 94

Les caractéristiques de l'espace collectif 95
La difficulté des retrouvailles 96
L'acquisition du langage 97
Langage et séparation : la parole re-création 98
Nestor ou la parole éperdue 101
Langage du corps et corps du langage 102
Langage, objet structuré et structurant 104
L'autre enjeu du « je » 105
L'adulte et les règles du « je » 105
Je solitaire - aire de jeu - jeux d'enfants 106
Trois balluchons pour trois petits cochons 108
Nouf-Nouf ou l'insupportable légèreté d'un balluchon 111
Mai 68 112
Nif-Nif ou le grand encombrement du balluchon 114

CONCLUSION 117

Bibliographie 121

Parmi les titres déjà parus
dans la rubrique « Mieux connaître les bébés »
de la collection « 1001 BB »

Sous la direction de André bullinger et l'ABSM
Les effets de la gravité sur le développement du bébé
L'espace de la pesanteur

Roger Vasseur, Pierre Delion
Périodes sensibles dans le développement psychomoteur de l'enfant de 0 à 3 ans

Claire Boutillier
Mémento de psychologie du développement
à l'usage des professionnels de l'accueil des bébés

Sous la direction de Danielle Rapoport
Bien-traitance, un trait d'union à conquérir

Sous la direction de Gil Meyer et Annelyse Spack
Accueil de la petite enfance : comprendre pour agir

Albert Ciccone, Yvon Gauthier, Bernard Golse, Daniel Stern
Naissance et développement de la vie psychique

L'Escabelle, textes réunis par Christian Robineau
Indispensables séparations

Sous la direction de Patrick Ben Soussan
Le bébé et ses peurs

Jacky Israël
Bébé, dis-moi pourquoi tu pleures

Sous la direction de Françoise De Gandt-Gauliard et Radu Turcanu
Freud s'invite dans les lieux d'accueil parents-enfants

Sous la direction de Syliane Giampino
Y a-t-il encore une petite enfance ?
Le bébé à corps et à coeur

Marie Léonard-Mallaval
Comment le sens moral s'éveille à la crèche

Jacqueline Sudaka-Bénazéraf
Libres enfants de la Maison verte
Sur les traces de Françoise Dolto

Sous la direction de Dominique Ratia-Armengol et Claire Vicente-Brion
L'enfance : un trouble à l'ordre public ?

Crier, bouger, rêver, dé-ranger… grandir

Sous la direction de Dominique Ratia-Armengol
Quel temps psychique pour les bébés ?

Sous la direction de Marie-Paule Thollon Behar
Accueillir l'enfant entre 2 et 3 ans

Christian Dageville
Le début de la vie d'un grand prématuré

Marie Léonard-Mallaval
Ça mord à la crèche

Camille de Fleurville, Martine Malinsky
La thérapie de Louis
racontée par sa mère et sa psy

Sous la direction de Nathalie Presme, Pierre Delion, Sylvain Missonnier
Quelles transmissions autour des berceaux ?

Réunis par Patrick Ben Soussan
Cent mots pour les bébés d'aujourd'hui

Patrick Ben Soussan
Dolto, si tu reviens j'annule tout !

L'Escabelle
Jumeaux : 1 fois 2 ou 2 fois 1 ?

Sous la direction de Bernard Golse, Nathalie Presme
Qu'avons-nous fait du mandat transgénérationnel de Serge Lebovici ?

Sous la direction de Bernard Golse et Jean-Louis Le Run
Les premiers pas vers l'autre
Ou comment l'altérité vient aux bébés

Hélène Brunschwig
Comment être psychanalyste d'enfants ?

Christian Dageville
Le début de la vie d'un grand prématuré

Sous la direction de Ayala Borghini, Carole Muller Nix
Un étrange petit inconnu
La rencontre avec l'enfant né prématuré

Sous la direction de Fabien Joly
Sa majesté le bébé